孩子，你怎么了

读懂0~3岁婴幼儿的情绪和行为

王书荃——著

中国妇女出版社

图书在版编目（CIP）数据

孩子，你怎么了 ：读懂0～3岁婴幼儿的情绪和行为 / 王书荃著. -- 北京 ：中国妇女出版社，2023.11
ISBN 978-7-5127-2310-8

Ⅰ.①孩… Ⅱ.①王… Ⅲ.①婴幼儿－情绪－家庭教育 Ⅳ.①G781②B842.6

中国国家版本馆CIP数据核字（2023）第172168号

责任编辑：王海峰
封面设计：末末美书
责任印制：李志国

出版发行：中国妇女出版社
地　　址：北京市东城区史家胡同甲24号　　邮政编码：100010
电　　话：（010）65133160（发行部）　　65133161（邮购）
网　　址：www.womenbooks.cn
邮　　箱：zgfncbs@womenbooks.cn
法律顾问：北京市道可特律师事务所
经　　销：各地新华书店
印　　刷：小森印刷（北京）有限公司

开　　本：150mm×215mm　1/16
印　　张：13.75
字　　数：100千字
版　　次：2023年11月第1版　　2023年11月第1次印刷
定　　价：49.80元

如有印装错误，请与发行部联系

目录

第一章 婴幼儿心理行为的发展

第二章 婴幼儿情绪行为发展的趋势和特点

目录

目录

目录

目录

第一章

婴幼儿心理行为的发展

0～1个月新生儿心理行为的发展

人生第一年称为婴儿期。在这期间，婴儿心理开始发展，心理活动开始萌芽，情绪情感开始介入生活。婴儿基本依靠自身的情绪反应与成人进行交往，适应最初的生活。半岁前，婴儿基本处于仰卧状态，活动范围极其有限，心理活动仍处于原始状态。从半岁到1周岁，婴儿明显活跃起来，与外界的交往大大增加。

我们先来看看0～1个月新生儿心理行为的发展。

新生儿的活动始终围绕适应新生活而展开，新生儿随时在向成年人释放情绪信号，以此表达饥饿、舒适、疼痛、寒冷等。具体而言，新生儿心理行为的发展主要表现在以下几方面。

一、适应新生活

这里所谓的新生活，是指脱离母体的胎外生活。这是一个巨大的变化。胎内生活是非常舒适和安全的，胎儿周围是温暖的羊水，胎儿很少受到外界刺激。出生后，由于生活环境发生了质的变化，孩子需要独立维持自身的生命活动。首先，孩子要自己吃奶。其次，孩子要自己消化食物、排泄粪便。再次，孩子需要自己呼吸。最后，孩子还要适应来自周围环境的种种刺激，比如相比羊水环境较低的且经常变化的湿度、来自声音和光的刺激等。

二、依靠无条件反射适应新生活

新生儿如何适应新的环境？新生儿基本依靠无条件反射适应新生活，同时在此基础上会形成条件反射，以应对来自外界环境的刺激。新生儿的无条件反射有多种，其中最主要的有吸吮、觅食、眨眼、拥抱、抓握、惊跳、迈步、游泳、蜷缩等反射。无条件反射是新生儿的本能活动，对其维持生命、保护自己有极为重要的现实意义。

三、条件反射的出现和心理活动的发生

出生后不久，新生儿就出现了条件反射。条件反射是在无条件反射的基础上发展起来的。最初的条件反射是新生儿为了维持生命活动、适应新生活而产生的。条件反射既是生理活动，又是心理活动。因此，条件反射的出现标志着心理活动的开始。

四、开始认识世界并进行人际交往

出生后，新生儿很快就开始认识世界并与别人交往。新生儿认识世界主要表现在感觉的发展和视觉、听觉的集中性上。出生后 2 ~ 3 周，如果面前出现人脸，新生儿会注视片刻，再长大一点后会用双眼追视慢慢移动的物体。听到悠长的声音时，新生儿会停止一切活动，立即安静下来。这就是视觉或听觉的集中性。出生后第 4 周，当有成人和新生儿说话时，新生儿会有同样的反应。

新生儿这时的人际交往主要指与母亲的交往。新生儿能够与母亲进行“眼睛对话”，吃奶时会不停地看着母亲。在

吃饱、睡足时，看见人脸后，新生儿会有积极的情绪反应。即使在困倦、饥饿时，新生儿看见人脸之后也会出现愉快的情绪。

2～6个月婴儿心理行为的发展

满月后，婴儿的心理、情绪、行为发展迅速，几乎一月一变。

半岁前，婴儿的心理发展主要表现在视觉和听觉的发展上。此期间，婴儿主要依靠视觉、听觉的定向活动来认识世界，手眼动作逐渐协调，慢慢能分辨熟悉的人和陌生的人。2～6个月婴儿心理行为的发展具体表现在以下几方面。

一、视觉和听觉迅速发展

满月后，婴儿的眼睛更灵活了。这时，婴儿不仅能盯着物体看，还能追视物体，而且会主动寻找视听目标。3 个月的婴儿就能积极地用眼睛寻找成年人，之后会寻找成年人手里的玩具，再之后会寻找周围的其他物体。2 ～ 3 个月的婴儿，对声音的反应比以前更积极，听见声音时会想方设法寻找声源。婴儿在哭泣时，若妈妈大声和他说话，他就会安静下来。4 个月的婴儿逐渐能够分辨不同人的声音，听见妈妈的声音时会有快乐的表现。有时，婴儿还会发出一些声音，好像在应答成年人。

二、手眼动作逐渐协调

所谓手眼动作协调，是指眼和手的动作能够配合，比如可用手抓住看见的东西。手眼动作协调的发展要经历一个从无意到有意、从不协调到协调的过程。一般条件下，出生 4 ～ 5 个月后，婴儿手眼动作开始协调。这主要表现为能够用手抓住看见的东西、动作有了简单的目标、手里拿着一样东西时还要去拿看见的另一样东西等。

三、开始认生

认生是婴儿认知能力发展过程中的重要里程碑。5～6个月的婴儿开始认生。这一方面反映了婴儿感知和记忆能力的发展，比如能区别熟人和陌生人、能够清楚地记得不同人的脸等，另一方面反映了婴儿在情绪和人际关系发展层面的重大变化，比如出现了对亲人的依恋、对熟悉程度不同的人有不同的态度等。

7 ~ 12 个月婴儿心理行为的发展

与此前相比，半岁后婴儿的明显变化是各种动作比之前灵活、身体活动范围扩大、双手可以做多种动作、逐渐出现了语言、亲子依恋更加强烈。具体讲，这个阶段的婴儿心理行为发展的特点如下。

一、动作能力迅速发展

这主要表现为坐、爬、站、走等能力的发展。半岁前，婴儿可学会抬头和翻身，开始练习独自坐。6 ~ 7 个月的婴儿能够自如独坐，与此同时开始练习爬行。10 个月以后，婴儿开始学习扶着站，也开始在成人的帮助下迈步，直到 1 岁左右学会走路。婴儿会走路后，能够直接接触更多物体，这对婴儿的情绪及人际关系的发展都有促进作用。

二、手部动作开始形成

这期间，婴儿的手部抓握动作逐渐从以小指、无名指、中指为主的抓握动作向以中指、食指、拇指为主的抓握动作发展。同时，婴儿会慢慢发展出以拇指和食指为主的手指对捏动作。从此以后，婴儿开始两手配合拿东西、摆弄东西等。

三、语言开始发展

婴儿 6 个月时开始咿呀学语， 7 个月时可能会叫爸爸、妈妈，并且可通过发音游戏与成年人交流。这样的交流可给成年人和婴儿带来无限乐趣。

四、依恋关系日益发展

10 ～ 12 个月是婴儿出现分离焦虑和陌生人焦虑的特殊时期，这个时期婴儿对陌生人的态度可以反映他们是否有依恋安全感。此期间，与父母分离时，婴儿若出现明显的分离焦虑，如长时间的哭闹，这表明婴儿的依恋关系建立得不好。

1 ～ 2 岁幼儿心理行为的发展

1 ～ 2 岁期间，孩子身心发展来到一个重要阶段。孩子学会了走路，能比较灵活地运用双手做事情，开始掌握语言，有很多基于好奇心的探索行为，常有自主要求和自己动手的愿望，出现了表象思维、想象等人类特有的心理活动。与此同时，孩子有了独立的要求，出现了反抗行为。具体来讲，1 ～ 2 岁幼儿心理行为发展特点如下。

一、学会直立行走，但还不十分自如

由于头重脚轻、全身骨骼肌肉比较柔弱、脊柱的弯曲没有完全形成、两脚和身体的动作还不十分协调，孩子虽已学会走路，但尚不十分自如。

二、可以较熟练地运用双手做事和使用工具

1 岁以后的孩子，逐渐能够准确地拿各种东西，已经能够基本精准地选择和使用工具，如用锤子钉钉子、用积木搭房子等。孩子刚开始使用工具时并不能完全按照具体工具的特点来支配自己的动作。比如，这时孩子拿起盛了东西的汤匙往嘴里送时，往往是斜着送，很难把所有食物送到嘴里。孩子会经常调整自己的动作，偶尔会找到有效的方式。

三、语言和表象思维开始发展

人类特有的语言和思维活动，是在 2 岁左右形成的。此时，孩子能够说出简单的句子。这时，表象思维开始发展。表象的出现和发展，使孩子可能产生想象。1 岁孩子只能拿着物体胡乱摆弄，2 岁左右的孩子可以拿着物体做各种充满想象的活动。与此同时，游戏思维开始萌芽，如孩子可能会拿一块长积木在玩具娃娃头上擦来擦去，像是在给玩具娃娃

梳头。这期间，最初的绘画活动出现了，如孩子画了一个只有他自己认识的图案，并说那是太阳。更复杂的思维活动在这个年龄段也出现了，主要表现为初级的概括和推理。比如，孩子能够将性别不同、年龄不同的人加以分类，能主动叫爷爷、奶奶、哥哥、姐姐等。至此，孩子的认知过程，即从感觉到思维，已经形成。

四、独立性开始出现

孩子进入人生第二个年头，就不那么顺从了，开始有了自己的主意，甚至开始反抗家长。孩子学会走路、掌握了一定的语言并能用双手做事后，便产生了成就感，觉得自己对周围的环境和事物不再无能为力了，而是有了支配的能力。由此，孩子独立自主的意识不断增强并明显地表现出来。2 岁左右的孩子不愿意再让妈妈领着走，而是喜欢自己跑跑跳跳，有时甚至会蹲下来捡根树枝当枪使、捡块石头扔着玩等。从这时起，孩子变得顽皮、不听话了。独立性的出现使得孩子的自我意识越来越强烈。孩子知道了“我”与别人的区别，在语言上逐渐能区分“你”和“我”，在行动上会主动要求“我自己来”，如“我自己走路”“我自己拿”等。

五、好奇心、探索能力开始出现

这时，孩子特别喜欢问“为什么”，喜欢不停地问“然后呢，后来怎么样了”。孩子的问题常常使父母难以回答。孩子对放在高处的东西十分感兴趣，会要求大人抱着他看看。孩子不管看到什么东西都要看看、摸摸，并且乐此不疲。

2 ～ 3 岁幼儿心理行为的发展

2 ～ 3 岁的孩子具备人类的一切心理特点，并且已经得到较全面的发展。这时，孩子已经能直立行走、使用工具、用语言交流、进行想象和思维活动，并且已经有了自我意识。

一、能自如地独立行走

由于身体各部分的发展，2 ～ 3 岁的孩子行走比较自如，能保持平衡。或者可以这样讲，由于脊柱既能直立又能弯曲，两脚和身体逐渐协调，这时孩子行走起来十分自然。

二、熟练地使用工具

这时期，孩子使用工具的能力得到长足发展，他们能够主动地重复有效动作，已经掌握了许多有效动作。这期间，孩子通常十分固执，即使遇到困难和失败，可能也不肯放弃自以为有效的动作。

三、语言和表象思维进一步发展

3 岁的孩子基本上能够用语言表达自己的需求，比如要什么、不要什么、要做什么、不要做什么等。孩子记住的事物越来越多，由此孩子具备了联想能力。比如，看见与母亲有关的事物，孩子可能会想起母亲。

表象的发展使孩子的想象性游戏活动逐渐增多。孩子此时十分热衷“娃娃家”游戏，并且开始懂道理，如妈妈睡觉了，知道不要去吵妈妈。孩子这时也具备了一定的思考能力。比如，成年人说：“天黑了，该睡觉了。”孩子会反问：“月亮为什么不睡觉呢？”

四、任性的出现

随着独立性的发展，一些孩子这时出现了任性这种性格特征，开始闹脾气了，甚至出现打人、骂人等行为。

2

第二章

婴幼儿情绪行为发展的趋势和特点

婴幼儿情绪行为发展的趋势

孩子刚出生时情绪比较单一，孩子 1 岁以后情绪逐渐分化，孩子 2 岁左右出现了各种基本情绪。婴幼儿情绪情感发展的趋势主要表现在以下三方面。

一、社会化

最初的情绪是与生理需要相联系的。随着年龄的增长，婴幼儿的情绪逐渐与社会性需要相联系，这个联系的过程就是情绪的社会化过程，也就是情感的发展过程。婴幼儿情绪情感的社会化表现在社会性交往的成分不断增加、引起情绪反应的社会性动因不断增加、表情的社会化等。

二、情绪情感越来越丰富、深刻

情绪情感的丰富，主要指情感的发生过程越来越丰富，情感指向的事物越来越丰富。情绪情感的深刻，主要指具体指向的变化——由指向事物的表面到指向事物的内在的改变。

三、情绪的自我调节

随着年龄的增长，婴幼儿对情绪过程的自我调节能力越来越强。这种调节表现在情绪的冲动性减少、情绪的稳定性增加和情绪情感从外露到内隐三方面。

基于情绪情感的发展趋势，以依恋、反抗、探究等为代表的一些行为成为婴幼儿这个时期最常见的情绪活动。这些情绪活动就是婴幼儿情绪发展的主要特点，深深地影响着婴幼儿情绪活动的后续发展。

婴幼儿情绪行为发展的特点

依恋

一、母婴依恋是孩子赖以生存和生长的无可取代的情感纽带

依恋指孩子与特定对象之间的情感联结。特定对象指经常与孩子接触的关系密切的成年人。因此，情感依恋更多的是发生在孩子与母亲之间的依恋，即母婴依恋。母婴依恋是母婴之间稳定的情感联系，也是一种积极的、充满深情的

感情联结。孩子常常要母亲抱、依偎着母亲、紧紧跟着母亲等，这叫作孩子与依恋对象的接近倾向。孩子常常紧紧地抱着母亲，且不肯分开，这叫作依恋行为的维持接触倾向。我们几乎都看见过“孩子寻找妈妈”的场景。这种寻找是依恋的典型行为，只能基于最亲近的人而发生。依恋是母婴双方的相互应答，这种应答对孩子的个性、社会性发展十分重要。可以说，母婴依恋是孩子赖以生存和生长的无可取代的情感纽带。

二、安全依恋可以成为儿童的心理背景

母婴依恋是母婴双方在相互应答中建立和维持的，母婴的安全依恋可以成为儿童的心理背景，为儿童的交往和探究活动提供安全场所，因此对于儿童的发展有着重要的意义。许多因素可影响母婴依恋的形成，其中最重要的因素有以下几点。

1. 母亲与孩子之间的相互影响与交往；

2. 孩子的情感需要，特别是安全感的需要；

3. 孩子的生理需要，如食品和人身保护的需要；

4. 孩子追求刺激的需要。

孩子与母亲的依恋关系的建立与发展，更依赖于母亲的养育态度与养育方式。因此，母亲从孩子出生之时起就要为建立孩子的安全依恋而努力。具体可以从以下几方面做起。

1. 母婴早期皮肤接触。母子间的早期皮肤接触可促进亲子间依恋关系的建立，如孩子出生后，母亲对孩子的接触和爱抚。

2. 对孩子需求的积极回应。母亲的行为对于孩子与母亲之间的依恋关系的建立非常重要。母亲对于孩子的哭、微笑等表情要十分在意，对于孩子的各种需求要非常敏感，对于孩子的各种要求要及时回应。母亲的在意、敏感和回应是为了给予孩子适当的满足。

3. 用充满爱的表达回应孩子。母亲对孩子的爱应该是持续的、无条件的、发自心底的。母亲不能高兴时兴致勃勃、充满热情地对待孩子，不高兴时就对孩子爱搭不理甚至发脾气。母亲更不能基于自己的个性、情绪要求孩子，甚至把自己的某些行为强加给孩子。

反抗行为

一、反抗行为是婴幼儿最典型的行为

孩子人生第一个反抗期发生于 2 ～ 3 岁期间。随着年龄的增长，孩子的反抗行为日益明显。比如：你说某种东西不能碰，他偏要去碰一碰，摸一摸；你说蔬菜有营养，要多吃，他偏不吃；等等。总之，通常的情况是你说你的，他做他的，甚至还会顶嘴。一般而言，父母面对孩子的反抗行为会采取两种完全不同的做法：要么以强硬手段，强迫孩子服从大人的意志，处处限制孩子的活动，甚至严厉斥责、打骂孩子；要么对孩子溺爱无度，百依百顺，任由孩子想怎么办就怎么办。这两种教育方法都会给孩子的发展带来不良影响。第一种教育方法可能导致孩子长大后唯唯诺诺，胆小怕事，从不敢表达与别人相反的意见；第二种教育方法可能会使孩子长大后喜欢与别人作对，经常惹是生非，甚至出现反社会行为。

研究表明，反抗行为（或逆反心理）具有积极与消极的双重性。

积极性表现在以下两方面。

1. 反抗性是独立性、自主性的表现，反映了孩子的自我意识和好胜心。这样的孩子更容易表现出勇敢、求异、创新等积极的心理品质。

2. 反抗心理强的孩子，在不顺心的情况下，在愤懑、压抑的时候，敢于发泄，不会让不愉快的情绪长期留在心中，于是不易形成畏缩、怯懦等消极的心理品质。

消极性表现在会影响孩子身心健康发展。

面对孩子的反抗，关键在于弄清孩子产生反抗心理的原因，并采取科学的教育方法。孩子的反抗心理是孩子走向独立的起点，我们不仅要看到孩子反抗带来的麻烦，更要看到反抗正是孩子成长的标志。

二、反抗行为产生的原因

孩子反抗行为的产生有许多原因，其中最主要的有以下几点。

1. 父母脾气暴躁，动辄打骂孩子，甚至把孩子拒之门外，必然会引发孩子的反抗情绪。

2. 父母溺爱孩子，一切以孩子为中心，对孩子百依百顺，甚至包办代替，也会引发孩子的反抗情绪。

3. 父母不顾孩子的年龄特点和实际能力，对孩子提出过高的要求，孩子难以做到，容易产生反抗情绪。

三、处理和调整孩子反抗行为的方法

1. 冷却法。当孩子出现反抗情绪时，父母不要粗暴对待孩子或限制其活动，不要“针尖对麦芒”，不要以任性对任性，而是应该冷处理，对孩子的反抗、任性暂时不予理睬，要耐心等待，直到孩子平静下来再进行教育。

2. 温暖法。父母要尊重、理解、关怀、鼓励、信任孩子，与孩子经常沟通，对于孩子的细微进步都要及时给予鼓励、表扬。

3. 刺激法。即利用逆反心理来刺激孩子。例如，要让孩子穿衣服，就说：“你不会穿衣服吧，是不是？”用刺激法可增强孩子自信、自强、自立的精神。

4. 心理保健法。即帮助孩子客观地了解自我，克服认识上的主观性和片面性，培养良好的情绪情感能力，增强自控能力。

5. 转移注意法。当孩子的意见与父母的意见相矛盾时，伺机用别的能引起孩子兴趣的事物吸引他的注意力，有助于缓解当下的矛盾。

此外，对孩子的要求不要无原则地全都满足，要尽量避免与孩子的直接冲突，拒绝孩子时要坚决，面对一件事时大人口径要统一，要以身作则、给孩子做表率。

好奇心与探索精神

一、好奇心强是婴幼儿的一大特点

2 ~ 3 岁孩子的独立性除了表现在反抗行为方面，还突出地表现在对很多事物充满好奇心以及拥有饱满的探索精神。往往大人越禁止，他越要去看一看、摸一摸，甚至可能弄出各种意外事故。因此，要认真对待孩子的好奇心和探索精神。

二、好奇心与探索精神的表现

孩子的好奇心和探索精神主要表现在以下几方面。

1. 喜欢到处看一看、摸一摸。孩子学会独立行走和用手自如地拿东西之后，一下子变得非常好动，好像对任何事物都充满好奇，看到什么都要去摸一摸。比如：家里的各种犄角旮旯，他都要去看一看；家里的各种东西，他都要去摸一摸；家里哪里有个小窟窿，他都要把手指头伸进去捅一捅；等等。

2. 爱摆弄小东西。比如，从地上捡起一块小石头敲打几下，然后扔出去，还要走过去看看，有时甚至要用嘴咬一咬。再如，把积木、小石头装进塑料瓶里，摇一摇，听一听，之后倒出来，再放进去。

3. 喜欢帮大人做各种事情。大人做什么，他都要抢着做。比如：大人扫地，他要抢扫帚自己扫；大人择菜，他要抢着干；吃饭前大人摆碗筷，他也要摆；等等。

三、正确对待婴幼儿的好奇心

面对孩子的好奇心和探索精神，父母要加以鼓励，千万不要轻易禁止孩子接触各种事物。

1. 家长对孩子的好奇心和探索精神要有正确的认识。好奇心和探索精神是这个年龄段孩子的特点，孩子主要是靠各种活动来认识世界的。孩子的好奇心、探索精神是其获得直接经验的重要途径，也是将来在学习上、工作上取得成就的基础。

2. 鼓励孩子对周围环境的探索。探索是婴幼儿情绪发展和获取信息的必经过程。家长不可以把“这不能做”“那不能动”等当成口头禅。时时处处限制孩子的活动，会压抑孩子的情绪，限制孩子获取各种信息。父母应该为孩子的好奇与探索而高兴，鼓励他们的探索行为，甚至为他们的探索行为创造各种环境和条件，让他们的探索行为得到充分的发展。

3. 恰当处理孩子探索中的不当行为或危险行为。孩子在探索过程中难免会有一些不当的甚至存在危险的行为。为了不伤害孩子的探索积极性，为了避免孩子身体遭受伤害，当发现孩子的不当行为时，家长不要说“不许动”等，而是应采取交换法，将孩子可以玩的安全物品拿来替换孩子正在玩的危险物品。家长平时要把各种危险物品收拾好，放在孩子拿不到的地方。这时，和孩子讲道理是讲不通的，因为孩子还小，只能采取具体措施加以解决。

4. 引导孩子多做事。鼓励孩子的探索精神并不是放任自流，让孩子为所欲为，而是要适当引导与教育，鼓励孩子多做事。这是个好办法，可让孩子在做事中发现乐趣，掌握规则。

5. 耐心回答孩子提出的各种问题。对孩子在探索环境中提出的各种问题，家长应尽可能给予回答，以满足孩子的求知欲。家长不可以对孩子提出的问题表示不耐烦，如果暂时回答不了某个问题，之后找到答案时要及时给孩子解答。对于孩子提出的各种问题，家长更不能直接忽视。

6. 要容忍孩子把家里搞得乱七八糟。很多家庭习惯将各种物品摆放得井井有条。为此，家人不让孩子到处乱放物品。这可能是不正确的做法。实际上，孩子会按自己的规则摆放物品。看起来摆放得乱七八糟的物品，可能反映了孩子认知的发展，也可能有助于满足孩子愉悦精神的需要。当孩子玩完玩具后，大人可以与孩子一起收拾玩具，将玩具堆放在固定的位置，以帮孩子养成良好的习惯。

3

第三章

父母的教养方式与婴幼儿情绪及行为的发展

家庭在儿童情绪行为发展中的重要作用

每一个儿童都有比较稳定的情绪行为特征，这种特征来自先天因素，更来自后天环境濡染、家庭的培养与教育。当前家长普遍关心孩子的智力，然而最让家长感到头痛和束手无策的是孩子的情绪行为问题，或者说是孩子的性格问题。但是很少有家长认真地考虑过如何使孩子具有健全的人格、良好的情绪行为。

现实生活中，家长教育孩子时，更注重让孩子学习各种技能，如画画、弹琴、滑冰、游泳等，并且十分看重孩子的成绩。其实，这种培养是很容易见效的。然而，只重视智力教育而忽视情绪、性格培养，是教育上的急功近利。

良好情绪行为以及健康人格的培养不是一朝一夕的事，

而且是有难度的。首先，家长要有良好的观念和方法。其次，个体的个性是在不知不觉中形成的，而且一旦形成就不容易改变。关于儿童良好情绪行为的养成，家庭教育起着不可替代的作用。

儿童身上的种种情绪行为和家庭有着切不断的联系。父母及其他长辈的情绪行为对后代的影响是潜移默化的，父母必须意识到这一点，由此才能有意识地对儿童进行情绪行为培养。

家长的教养方式对婴幼儿发展的影响

一、家长的教养方式对孩子情绪的影响

父母是孩子的第一任老师，父母的生活理念、态度，以及教养孩子的方式方法随时影响着孩子情绪行为的养成和发展。有人根据教养孩子的方式将家长分为四种类型，它们分别是忽视型、反对型、放任型和辅导型。不同类型父母的特点以及对孩子情绪行为的影响是不同的。

1. 忽视型父母的特点及对孩子情绪行为的影响具体如下。

认为孩子的感受是不重要的、肤浅的。

不理睬孩子的感受。

想要孩子的负面情绪迅速消失。

常常用转移注意力的方式解决孩子的情绪问题。

认为孩子的情绪十分滑稽或不值一提。

认为孩子的感情不是理性的，是无意义的。

忽视孩子尝试沟通的事情。

可能对自我和他人缺乏情绪层面的觉察能力。

面对孩子的情绪时，常感到讨厌、恐惧、烦恼、崩溃等。

害怕在情绪层面失控。

相比关注情绪本身，更重视解决情绪问题的方式方法。

认为负面情绪是有害的甚至是有毒的。

认为重视负面情绪只会把事情弄得更糟。

面对孩子的情绪时，常感到不知所措。

认为孩子的情绪背后潜藏着要求。

认为孩子有负面情绪表示孩子适应不良。

认为孩子的负面情绪应归咎于父母。

低估孩子的负面情绪，忽视导致孩子负面情绪的事件。

不与孩子共同解决问题，认为时间会解决大部分问题。

忽视型父母的根本问题在于不能正确面对孩子的负面情绪，忽视型父母对孩子的影响是会让孩子感到自己的许多感受是不对的、不适当的、没有根据的。因此，在这种教养模式下长大的孩子在调整自己的情绪方面会遇到困难。

2. 反对型父母的特点及对孩子情绪行为的影响具体如下。

有许多忽视型父母的行为，且相对来讲有过之而无不及。

批判孩子的情绪表达。

过度限制孩子的行为。

强烈认为孩子要有良好的行为。

不论孩子是否有行为问题，只要孩子有负面情绪，就会遣责、训斥、处罚孩子。

认为负面情绪的表达有时间限制。

认为负面情绪背后是恶劣的品格。

认为孩子利用负面情绪来操控家长（这会导致权力之争）。

认为负面情绪一无是处。

这种父母对孩子的影响等同于忽视型父母对孩子的影响。

3. 放任型父母的特点及对孩子情绪行为的影响具体如下。

接受孩子所有的情绪行为。

会给予经历负面情绪的孩子合适的慰藉。

对于孩子的行为不进行引导。

对孩子有关情绪的问题不给予教导。

放任孩子，不设限。

不帮助孩子解决问题。

不教给孩子解决问题的办法。

认为对于解决孩子的负面情绪家长帮不上什么忙。

认为处理负面情绪是心理学层面的问题，只要尽情释放情绪就可以了。

这种父母对孩子的影响是会导致孩子学不会合理调整自己的情绪。这样的孩子在与他人相处时会遭遇困难。

4. 辅导型父母的特点及对孩子情绪行为的影响具体如下。

重视孩子的负面情绪，能把孩子的负面情绪当成与孩子亲密接触的契机。

能耐心地对待孩子。

面对孩子的负面情绪，不会不耐烦。

能觉察并重视自己的所有情绪。

能将孩子的负面情绪看作培养孩子的重要契机。

对孩子的情绪，甚至复杂的、不可思议的状态，都会有敏锐的觉察。

对孩子的情绪表达不会感到焦虑，知道什么是家长该做的。

尊重孩子的情绪。

不戏弄或忽视孩子的负面情绪。

不认为孩子“应该……”。

不认为家长必须替孩子处理好所有问题。

懂得倾听孩子的心声。

懂得安慰和关爱孩子。

会帮助孩子认识他当下的情绪。

能为孩子提供情绪调整方面的辅导。

能教授孩子解决各种问题的技巧。

这种父母对孩子的影响是会让孩子学会相信自己的感觉，学会调整自己的情绪，学会解决问题，逐渐拥有高自尊、良好的学习能力和与他人融洽相处的能力。

二、父母的教养方式与孩子性格的关系

父母的教养态度、教养方式对孩子情绪、性格、行为的形成和发展有深远的影响。具体见下面的表格。

表 1　父母的教养方式与孩子性格特征的关系

父母的教养方式	孩子的性格特征
支配型	消极、缺乏主动、依赖、顺从
干涉型	幼稚、神经质、被动
娇宠型	任性、幼稚、神经质
否定型	暴躁、冷淡、自大
冷漠型	攻击性强、情绪不稳定、冷酷
专制型	情绪不稳定、依赖、顺从
民主型	有合作意识、独立、直爽

表 2　父母的行为方式与孩子行为特征的关系

父母的行为方式	孩子的行为特征
纵容型	**冲动攻击型**
没有规则 不能明确解释规则 对孩子的强硬、哭闹、挑剔一味让步 对孩子的要求没有原则地满足 忽视或接受孩子的不良行为 常常压抑自己、不耐烦、充满怒气 总保持中等程度的热情	叛逆 缺乏自信 成就动机弱 缺乏自控 喜怒无常 容易冲动 目标感弱 目标明确的活动少 专横

续表

父母的行为方式	孩子的行为特征
独断型	**冲动急躁型**
过于严格地实施规则 监视和惩罚孩子的不良行为 不够亲切 常认为孩子十分冲动 不考虑孩子的感受与观点 面对反对也坚持实施规则 善于制定严厉的极具惩罚性的规则 不够热情 从不积极参与孩子的活动 从不安排亲子活动	胆小 易抑郁 不快乐 易激怒 对压力很敏感 缺乏目标
威望型	**积极友好型**
坚定地实施规则 面对孩子时，态度强硬，不轻易让步 可正视孩子的不服从 对孩子的不良行为会表现出厌倦和不快 能清楚地向孩子表明规则 会考虑孩子的愿望、请求和观点 会为孩子提供选择 期待孩子能有与年龄相适应的成熟和独立 常安排亲子活动 能确定和实施教育标准	自信心强 自控力强 精力充沛 可与同伴友好往来 对新鲜事物充满兴趣 能与成人合作 易于接受指导

三、父母对婴幼儿情绪与行为的引导建立在自我了解的基础之上

婴幼儿的一个共同特点是情绪化。父母必须适时对婴幼儿的情绪进行正确的引导，使其养成良好的行为习惯，学会有效地控制自己的情绪。在良好情绪与行为养成方面，父母是婴幼儿最好的老师。情绪教育是一门艺术，科学、正确的情绪引导，需要按照一定的要求和程序进行。

1. 父母应对自己的情绪和行为有一定的了解

为了更好地对婴幼儿进行情绪引导，父母首先要对自己的情绪状态和教养方式有正确的了解。父母对婴幼儿的情绪引导就是父母与婴幼儿基于情绪交流的互动过程。因此，父母本身的情绪状态以及教养孩子的方式对孩子情绪及行为的发展起着至关重要的作用。

在这里，我们设计了一套测试题，家长通过这套测试题可以进行自我测试，可以了解、判断自己在教养孩子方面的基本情况。父母只有对自己的情绪、行为有客观的了解，才能更好地把握自己，才能正确地引导孩子。

下面 81 道题，每题有 T 和 F 两种答案。选 T 表示你认可题目所述情况，选 F 表示你不认可题目所述情况。

（1）孩子其实没有什么好忧伤的。

T□ F□

（2）只要可以控制，愤怒就不是问题。

T□ F□

（3）孩子可能假装忧伤，因为他需要大人替他难过。

T□ F□

（4）孩子的愤怒是值得我们特地花时间去探讨的。

T□ F□

（5）孩子假装难过的时候，真的很令人讨厌。

T□ F□

（6）当孩子难过的时候，我必须把这件事情处理妥当。

T□ F□

（7）我在自己的生活里真的没有时间去忧伤。

T□ F□

（8）愤怒是一种危险的状态。

T□ F□

（9）假如我忽视孩子的忧伤，他会独自走开并能照顾好自己。

T□ F□

(10) 愤怒一般意味着侵略。

T□F□

(11) 孩子常常假装悲哀以要挟大人。

T□F□

(12) 只要可以控制，忧伤就不是问题。

T□F□

(13) 一个人必须去克服、解决问题，而不是长期忧伤。

T□F□

(14) 我不介意处理孩子的忧伤，只要不花费太多时间。

T□F□

(15) 我想要一个快乐的孩子，而不是一个过度情绪化的孩子。

T□F□

(16) 孩子难过之时，是解决问题最好的时候。

T□F□

(17) 我要协助孩子快速地解决忧伤，以让他尽快往较好的方向迈进。

T□F□

(18) 我不认为孩子忧伤时是能教导孩子许多事情的好时机。

T□F□

(19) 我觉得孩子难过是因为他过度关注生活中的负面信息。

T□F□

(20) 孩子假装愤怒的时候，真的很令人讨厌。

T□F□

(21) 我可以控制孩子的愤怒。

T□F□

(22) 孩子假装难过时，是想要别人注意他。

T□F□

(23) 愤怒是一种值得探究的情绪。

T□F□

(24) 孩子的愤怒源于他的不成熟和缺乏理解力。

T□F□

(25) 我曾尝试让生气的孩子马上变得兴高采烈。

T□F□

(26) 人应该发泄心中的愤怒。

T□F□

(27) 孩子忧伤的时候，是我表达亲密的好时机。

T□F□

(28) 孩子不应该老生气。

T□F□

(29) 孩子忧伤的时候，我会尝试帮助他找到使他忧伤的原因。

T□ F□

(30) 孩子忧伤的时候，我向他表示了我的理解。

T□ F□

(31) 我希望孩子体验忧伤。

T□ F□

(32) 孩子难过时，最重要的是找到孩子难过的原因。

T□ F□

(33) 童年是逍遥自在的，而不是充满忧伤或愤怒的。

T□ F□

(34) 孩子忧伤的时候，我们会坐下来一起讨论忧伤这件事。

T□ F□

(35) 孩子忧伤的时候，我会尝试帮助他理解导致这种感觉的原因。

T□ F□

(36) 孩子愤怒的时候，是我表达亲密的好时机。

T□ F□

(37) 孩子愤怒的时候，我会去寻找原因并接纳孩子的感受。

T□ F□

（38）我希望孩子体验愤怒。

T□ F□

（39）我认为有时候孩子发脾气对他是有好处的。

T□ F□

（40）孩子愤怒时，最重要的是找出孩子愤怒的原因。

T□ F□

（41）当孩子难过时，我曾警告孩子不要养成这样的坏习惯。

T□ F□

（42）孩子忧伤的时候，我担心他会发展出负面的人格特征。

T□ F□

（43）我并没有真正试着教孩子有关忧伤的解决方法。

T□ F□

（44）如果我从忧伤中得到过什么教训，那就是它不是什么坏事。

T□ F□

（45）我不确定忧伤是否可以改变。

T□ F□

（46）除了给一个忧伤的孩子提供慰藉，我帮不上别的忙。

T□F□

(47) 孩子忧伤的时候，我会尝试让他知道无论如何我都是爱他的。

T□F□

(48) 孩子忧伤的时候，我不太确定他想要我做什么。

T□F□

(49) 我并没有真正试着教孩子有关愤怒的解决方法。

T□F□

(50) 如果我从愤怒中得到过什么教训，那就是它不是什么坏事。

T□F□

(51) 孩子愤怒的时候，我会尝试着理解他的心情。

T□F□

(52) 孩子愤怒的时候，我会尝试让他知道无论如何我都是爱他的。

T□F□

(53) 孩子愤怒的时候，我不太确定他想要我做什么。

T□F□

(54) 孩子的脾气很坏，这让我担心不已。

T□F□

(55) 我认为孩子常常愤怒是有问题的。

T□F□

(56) 常表达愤怒的人常常是失控的。

T□F□

(57) 经常表达愤怒的孩子会逐渐形成易激怒的性格。

T□F□

(58) 孩子愤怒是为了要挟大人。

T□F□

(59) 孩子愤怒的时候，我担心他可能会有破坏事物的倾向。

T□F□

(60) 假如我允许孩子愤怒，他会以为每次都可以通过愤怒要挟我。

T□F□

(61) 常表达愤怒的孩子没有礼貌。

T□F□

(62) 孩子愤怒的样子很滑稽。

T□F□

(63) 愤怒会干扰我做判断，使我做出令我后悔的事情。

T□F□

(64) 孩子愤怒的时候，是解决问题的好时机。

T□F□

(65) 孩子愤怒的时候，我可以揍他一顿。

T□F□

(66) 孩子愤怒的时候，我的目标是使他停止愤怒。

T□F□

(67) 我不会花费太多心思在孩子的愤怒上。

T□F□

(68) 孩子愤怒的时候，我不会把这当回事。

T□F□

(69) 我愤怒的时候，我感觉自己快要爆炸了。

T□F□

(70) 愤怒成就不了任何事情。

T□F□

(71) 表达愤怒对孩子而言是相当刺激的一件事。

T□F□

(72) 孩子表达愤怒是极为重要的。

T□F□

(73) 孩子有权利表达愤怒。

T□F□

(74) 当我的孩子发脾气时，我会找出他发脾气的原因。

T□F□

(75) 帮助孩子找出他愤怒的原因很重要。

T□F□

(76) 当我的孩子生气时，我会这么想："我不会管他。"

T□F□

(77) 当孩子愤怒时，我会这么想："要是他会打拳击该多好。"

T□F□

(78) 当孩子愤怒时，我会这么想："为什么他不能接受现实？"

T□F□

(79) 我希望孩子为自己辩护。

T□F□

(80) 我不会花费太多心思在孩子的忧伤上。

T□F□

(81) 孩子愤怒的时候，我想知道他当下的想法。

T□F□

在 (1)、(2)、(6)、(7)、(9)、(12)、(13)、(14)、(15)、(17)、(18)、(19)、(24)、(25)、(28)、(33)、(43)、(62)、

(66)、(67)、(68)、(76)、(77)、(78)、(80) 这些题目中，你的答案为“T”的题目共有多少个？用总和除以 25 所得的值即为你的忽视型分数。

在 (3)、(4)、(5)、(8)、(10)、(11)、(20)、(21)、(41)、(42)、(54)、(55)、(56)、(57)、(58)、(59)、(60)、(61)、(63)、(65)、(69)、(70) 这些题目中，你的答案为“T”的题目共有多少个？用总和除以 22 所得的值即为你的反对型分数。

在 (26)、(44)、(45)、(46)、(47)、(48)、(49)、(50)、(52)、(53) 这些题目中，你的答案为“T”的题目共有多少个？用总和除以 10 所得的值即为你的放任型分数。

在 (16)、(22)、(23)、(27)、(29)、(30)、(31)、(32)、(34)、(35)、(36)、(37)、(38)、(39)、(40)、(51)、(64)、(71)、(72)、(73)、(74)、(75)、(79)、(81) 这些题目中，你的答案为“T”的题目共有多少个？用总和除以 24 所得的值即为你的辅导型分数。

最后，将以上四个分数进行比较，你哪项得分最高，你就是哪种类型的父母。

2. 调整教育方式，使其更适合孩子的性格特点

对孩子进行教育的过程中，父母要不断调整教育方式和自己的行为方式，以适应孩子的性格特点。一般来说，可以采取以下几个步骤。

（1）厘清情绪观念。父母首先要厘清自己的情绪观念。情绪是客观存在的，尤其当孩子处于负面情绪中时，父母一定要以正确的观念和态度对待孩子，要亲近、关心、爱护和帮助孩子，让孩子学会对情绪进行调控，在不断自我处理情绪的过程中增长相关经验。

（2）觉察孩子的情绪。在日常与孩子互动的过程中，父母要通过孩子的行为表现，觉察他们的情绪以及情绪变化。婴幼儿常常间接表达自己的情绪。父母要善于识别婴幼儿无意识地隐藏于表情、动作中的某些情绪信息，比如饭量有变化、晚上做噩梦、头痛等，这些都可能是某种情绪的表现。总之，父母要通过种种渠道和方法及时了解孩子，觉察他们的情绪及情绪变化。

（3）倾听并肯定孩子的感受。父母要带着同理心去倾听并肯定孩子的感受。如果父母有同理心，能关心孩子的感受，孩子更容易形成良好的情绪管理能力。在这样的家庭，

对于孩子的感受，父母往往会给予慰藉。孩子在这样的家庭长大，更容易收获自信心和自尊心，更能得到父母的爱，从而更能健康地成长。相反，在缺乏同理心的家庭，父母希望自己的孩子永远高兴、满足、平静等，孩子一有负面情绪就会被当成坏孩子。如此，孩子总认为父母是对的，而自己永远是错的。久而久之，孩子便不容易形成自我调控情绪的能力。

（4）为孩子描述情绪。当孩子有情绪时，父母要帮助他们描述当下的情绪。通过家长的描述，孩子的情绪被界定、归类，从而也更容易得到合理的应对。情绪多达几十种，如高兴、愉快、兴奋、悲伤、苦恼、生气、怜悯、厌恶、愤怒、忧伤、抑郁、内疚、妒忌、懊悔、羞愧、紧张、担心、难过、害怕、沮丧、空虚等。研究表明，描述孩子的情绪能帮助孩子从创伤性事件中较快地走出来。所以，要用语言准确地帮孩子描述他们的感受，以避免不良情绪造成不良影响。

（5）规范行为。父母要为孩子制定行为规范，让孩子明确哪些是不适当的情绪宣泄行为，如哭闹，殴打、谩骂别人，摔玩具等。关于如何宣泄情绪，父母要与孩子共同讨论以制订解决方案。

4

第四章

婴幼儿各年龄段情绪表现与促进

人们通常喜欢用“一天一个样”来形容孩子的生长变化。事实确实是这样，而且年龄越小的孩子，生长发育越快，短时间内变化越大。

下面，我们按照生命发展的过程和特点，以年龄为依据，将0～3岁划分为几个年龄段进行论述。

在6个月以前，将每个月视为一个阶段。在6个月到1岁，将2或3个月视为一个阶段。在1岁到2岁，将每3个月视为一个阶段。在2岁到3岁，将每6个月视为一个阶段。

在每一阶段，孩子情绪表现、变化的主要内容和特点是不同的，因此培养重点和促进方法也不尽相同。

第 1 个月新生儿情绪行为表现与促进

一、第 1 个月新生儿的情绪表现

出生后头一个月，孩子就会用各种面部表情表达情绪，比如，愉快的时候会自发地笑，惊讶的时候会眨眼睛，痛苦的时候会哭泣，表达厌恶的时候会将嘴唇朝上撇，对某件事感兴趣的时候会表现出倾听的样子，等等。妈妈不但可以通过孩子不同的面部表情和哭声来判断孩子的需要，了解他们对这个世界的反应，也能领会他们的兴趣所在，从而为将来挖掘他们的潜能做准备。

二、第1个月新生儿情绪行为培养与促进

1. 坚持母乳喂养，不要在月子里就跟孩子分床睡，最好让孩子睡在母亲身边。务必采取坐姿喂奶。采取坐姿喂奶可让初生儿接触到母亲温暖的肌肤，聆听到熟悉的母亲的心跳，这不仅可以缓解孩子适应新环境时的焦虑，也有助于孩子安全感的发展。

2. 对孩子的哭声，要保持敏感并要及时回应。这是帮孩子建立安全感最重要的方法。不要相信哭声免疫法，哭了不抱，不哭才抱，是不科学的。新生儿会通过哭泣来寻求支援与帮助，所以请在孩子哭的时候陪在他身边，并尽快解决他的痛苦。这些都有助于孩子形成更稳定的情绪管理能力。

3. 如果父母可以耐心引导孩子建立更好的情绪控制机制，那孩子就有可能在人生初期获得很好的情绪管理能力，养成良好的行为习惯。当然，这个工作需要父母坚持很久，更需要父母有一定的耐心。

4. 可以通过游戏促进孩子情绪健康发展。比如，很多触觉游戏均有促进孩子情绪行为健康发展的作用。可以定时给孩子按摩手指和脚趾，增强孩子的身体意识。也可以用不同

材质的物品轻轻触碰孩子的胳膊、腿、手等，以促进孩子感知觉的发展。这些游戏在刺激孩子皮肤的同时也可以刺激孩子的神经系统，进而产生整合作用，对孩子情绪的发展有积极的影响。一般来讲，轻柔的安抚能让孩子产生安全感。由此，孩子情绪比较稳定，注意力也容易集中。

也可以和孩子玩纸板笑脸游戏。先在一块硬纸板上画一张笑脸（黑白两色即可），然后再制作一个手柄，做成一个纸板木偶。玩游戏时，在孩子眼前 20 厘米远的地方上、下、左、右慢慢移动纸板木偶。一般来讲，孩子的视线不仅能随着纸板木偶移动，甚至会微笑地同它打招呼。

在出生后头一个月，由于刚开始适应新环境，孩子消极情绪比较多，2 个月以后积极情绪才会逐渐增加。当吃饱而又温暖的时候，孩子会十分活泼，并且会一直对人微笑。

家长课堂

为孩子创设一个良好的情绪环境

孩子的情绪发展其实从出生就开始了，孩子非常小的时候就可以感知父母的情绪，父母的情绪也会感染或影响到孩子。

越了解孩子的情绪，父母越容易明白孩子的需求，越懂得珍惜与孩子的情感互动。

家庭是以血缘关系为纽带的情感共同体，每个家庭都有特定的情感氛围，这具体表现为家庭内部的一种稳定的、典型的、占优势的情绪状态。

我们要尽早、尽可能给孩子创设一个良好的情绪环境。

第 2 个月婴儿情绪行为表现与促进

一、第 2 个月婴儿的情绪行为表现

1. 社会性微笑

大约从第 5 周开始，孩子能区分人和其他非社会性刺激，对人的声音、面孔开始有特别的反应。比如，大人的声音、面孔特别容易引起孩子的微笑。

到第 8 周时，孩子会对一张不移动的脸发出持久的微笑。孩子这个时候面对人时的微笑是无差别的。

这表明孩子和成年人的互动正式启动了，他们会通过微

笑寻求关注和照料。

2. 表达愤怒

除了社会性微笑，第 2 个月的孩子已经可以表现出愤怒的情绪。如果饿了，且很久都没有喝上奶，孩子就会大声哭，甚至挥舞手脚。如果尿不湿很久没有更换，孩子会表现出烦躁不安的样子，这也是在表达愤怒。

这都表明，孩子对自己的需求更敏感了。

3. 兴趣

对于第 2 个月的孩子，如果你让他照镜子，他会表现出惊讶和兴奋的样子。这个时候，孩子最大的兴趣就是注视人脸，尤其喜欢盯着妈妈的脸看。他除了爱看妈妈的脸，也特别关注妈妈的声音。他会一直听妈妈讲话，表现出全神贯注地聆听的样子，并对妈妈说到的新鲜词语表现出极大的兴趣，甚至会张着嘴、抬起头、睁大眼睛追视妈妈手部的动作。他也开始对语言以及外界环境表现出更多的兴趣。

二、第 2 个月婴儿情绪行为培养与促进

第 2 个月的孩子具有更多的生存本领，发展出一种重要的情绪——愤怒——来保护自己和寻求关注，这会进一步促进孩子心智的成熟。对于这个月的孩子，父母可以从以下几方面入手促进其情绪行为健康发展。

1. 帮助孩子养成较规律的睡眠习惯

孩子晚上醒来后，不要开灯，不要抱着他摇晃，可以给他喂奶，之后跟他躺在一起，抱紧他，给他安慰，如可以轻轻地发出“嗯……”的低音来安抚他，以帮助他再次入睡。

睡眠习惯的养成短则需要 3 ～ 5 个月，长则需要 1 年左右，所以要慢慢发现和调整孩子的生物钟，循序渐进地帮孩子养成良好的睡眠习惯。可以规律作息的孩子很容易建立入睡反射，更容易进入深睡眠状态，拥有充足的高质量睡眠。高质量的睡眠可以使孩子白天精力充沛，避免睡眠问题导致的反应低下、注意力难集中等问题。

2. 多和孩子一起玩耍

孩子很喜欢看妈妈爸爸做鬼脸。父母丰富的面部表情会

逗得孩子哈哈大笑。经常大笑的孩子大脑会分泌更多的多巴胺和血清素，这可减少孩子的哭闹。

3. 多为孩子做抚触

抚触是这个年龄段孩子最好的运动。大量研究表明，经常接受抚触的孩子不仅生病少、情绪好、感觉灵敏，而且更有安全感。

抚触的操作很简单，最好在晚上睡觉前进行。给孩子洗完澡后，让他躺在床上（不穿衣服）。妈妈双手保持一定温度，去掉戒指、手镯，剪掉长指甲，抹上婴幼儿按摩油，从头到脚按摩孩子全身的皮肤。可以一边按摩，一边面带笑容地跟孩子说话，甚至可以给孩子唱歌。这简直是最佳的亲子陪伴。

第 3 个月婴儿情绪行为表现与促进

一、第 3 个月婴儿情绪行为表现

1. 悲伤

第 3 个月，孩子又出现了一种新的情绪——悲伤。悲伤可能是愤怒背后的情绪。当感到孤独或自己的需求没有得到满足时，孩子会愤怒。若这种状况持续很久，他就会感到悲伤。母亲的冷漠，更容易让孩子产生悲伤、难过、伤心等情绪。容易悲伤的孩子，通常比较安静，易于抑郁，总是一副不高兴的样子。

这个月龄的孩子愤怒和愉悦的情绪都表现得十分显著。高兴时，他们常哈哈大笑，甚至拳打脚踢。愤怒时，他们会哭得很凶，甚至踢腿蹬脚。

2. 兴趣

3 个月孩子可以接触到的世界越来越广阔，接触的人也越来越多。由此，孩子感兴趣的事情越来越多，他们的情绪越来越稳定。

3 个月孩子的哭闹行为逐渐减少，他们会表现出对妈妈的绝对偏爱，喜欢跟妈妈聊天（牙牙学语），喜欢看着妈妈笑，喜欢依偎和靠近妈妈，进入了对人的反应有差别的阶段。从这时开始，陌生人抱孩子，孩子会哭。有研究表明，3 个月孩子面对人的正脸时，不论对方是否生气，都会报以微笑。如果把正脸变为侧脸，孩子则会停止微笑。这说明孩子对五官清晰、轮廓分明的画面更感兴趣。

二、第 3 个月婴儿情绪行为培养与促进

3 个月的孩子拥有更敏锐的情绪感知能力，非常需要妈

妈的无条件接纳和肯定，但这个时候很多妈妈可能发生产后抑郁。为了孩子的健康发展，妈妈要积极调整情绪。面对 3 个月的婴儿，妈妈要做的努力应包括以下几点。

1. 调整自己的情绪到积极状态

如果发现自己有产后抑郁，要努力把自己从低落的情绪中拽出来，可以通过运动、与亲密的朋友聊天、每天参与 1 ～ 2 小时劳动或工作、冥想、做自己喜欢的事情等缓解抑郁心理，而不是任由自己陷入抑郁的泥潭。另外，如果妈妈发生产后抑郁，家人一定要好好帮助她，给她支持和鼓励，分担她的育儿重担，多带她接触外界环境，给她更多的爱，这些都有利于妈妈从焦虑抑郁的情绪中走出来。

2. 对孩子的情绪要敏感些

悲伤是一种不易觉察的情绪，嘴角下沉、双眼无神、双眼含泪等都可能是悲伤的表情。孩子年龄尚小，无法准确表达情绪，妈妈要积极探索孩子悲伤背后的原因，及时满足孩子的需要。

3．多跟孩子做游戏，多和孩子积极互动，让孩子有更多正面情绪

运动方面，可以给孩子做被动操，活动其手臂、肘关节、肩关节、腿等，还可以帮孩子练习俯卧抬头、翻身等动作，锻炼其肌肉力量。

视觉方面，可以在婴儿床、婴儿车正上方距孩子 20 ～ 30 厘米处悬吊彩色摇铃，并经常调换位置，也可以让孩子俯卧，同时拿彩色玩具在孩子前方缓慢移动，以训练其视觉。

触觉方面，可以给孩子不同质地的玩具让他玩，还可以跟孩子玩碰鼻子游戏、简单的捉迷藏游戏（如妈妈先用物品挡住脸，再露出来），孩子会非常开心。

第 4 个月婴儿情绪行为表现与促进

一、第 4 个月婴儿情绪行为表现

1. 认生

4 个月的孩子可以分清楚自家人和外人了，有的孩子开始出现认生的情况，面对熟悉的人时会很兴奋，喜欢看到经常照顾他们的人，尤其是妈妈。父母要用丰富的表情、声音、动作与孩子进行互动。

2. 深度知觉开始发展

4 个月大的孩子已经具有了深度知觉。这说明孩子能够运用更多的方式来感知和探索外界空间，可进一步了解物体各方面的特征，尤其是空间特征。

3. 注意力开始发展

4 个月的孩子有了更多与注意力相关的积极情绪体验。比如，他们喜欢盯着自己感兴趣的东西看，尤其喜欢看动的东西，他们会目不转睛、一动不动地盯着看。最好不要打扰孩子，不要阻止孩子看他们喜欢的东西。这不但利于孩子的兴趣和专注力的发展，也可促进其积极情绪如惊喜、兴奋等的发展。

二、第 4 个月婴儿情绪行为培养与促进

4 个月的孩子可以睡整觉了。这个时候孩子在睡眠上有了很大的进步，基本可以睡整觉了。这时他们白天的睡眠时间在逐渐减少，晚上他们有时也会醒来，但自己可以再次入睡，而不会像前几个月那样需要成年人哄睡。如果睡前可以饱饱地吃上一顿奶，他们夜晚通常可以坚持 5 ~ 6 小时不吃奶，因为睡眠的需要大于饥饿的需要，他们宁愿多睡会儿。研究发现，婴幼儿夜晚睡眠时生长速度是白天的 4 倍，因此

不要随意打断孩子的睡眠。

当然，这是理想的状态，通常只有不到 50% 的孩子这时可以睡整觉。大多数孩子夜间会醒，但一般也就醒 1 ～ 2 次，有时候吃几口奶就睡着了。其实，他们并不饿，只是眷恋妈妈的味道。这样的孩子也是正常的，妈妈不必比较。

总之，总体的规律是，随着白天游戏时间越来越长，孩子晚上的睡眠时间也越来越长。如果孩子不吵闹，最好让他学着自己入睡。如果孩子不能自己入睡，可以试着轻柔地和他说话，或轻轻地拍他。如果还不行，就哺乳一次，或换换尿布、纸尿裤，务必保持光线昏暗且尽量少而轻地讲话。千万不要在这时和孩子玩游戏。可以在白天不断增加感知觉的刺激，让孩子的情绪和体力都得到较多的消耗，这样他晚上才会睡得更好。

第 5 个月婴儿情绪行为表现与促进

一、第 5 个月婴儿情绪行为表现

1. 开始通过面部表情识别他人的情绪

这个月龄的孩子开始通过面部表情识别他人的情绪，他们最先可识别高兴的情绪，接下来可识别愤怒的情绪。情绪识别能力的提升意味着孩子的认知水平又有了新的发展。孩子更喜欢给自己带来积极情绪的人，也十分依恋这样的人。

2. 开始通过表情表达自己的情绪

孩子不仅可以识别成年人的情绪，也开始通过自己的表情表达各种情绪。他们的喜怒哀乐，我们一看便知。他们会根据外在环境的变化做出相应的表情。例如：妈妈高兴地伸出双手拥抱孩子时，孩子就会很兴奋；妈妈瞪着眼睛，看上去很生气，孩子就会表现出害怕、紧张、警惕的样子；等等。也即，他们已经可以区分积极情绪和消极情绪。这种能力的发展，为孩子理解情绪、洞察情绪背后的语言和需要奠定了基础。这是孩子情商发展的重要前提。

二、第 5 个月婴儿情绪行为培养与促进

1. 多与孩子说话

5 个月大的孩子，情绪丰富，对环境十分敏感。尽管他们的语言谁也听不懂，但他们依旧会乐此不疲地“说”。他们说的话引起家人的情绪反应时，尤其是当家人与他们互动时，他们会十分高兴。所以，这时候要给孩子更多的情绪互动以及语言刺激。

2. 让孩子通过照镜子认识自己

带着孩子照镜子时，孩子会十分兴奋，会做出各种表

情，简直就像在做一场表情秀，可爱至极。他们这时候还不知道镜子里的那个人是自己，会十分好奇——为什么这个东西里会有个人。然而，他们很快就会知道，镜子里的那个人是自己，因为无论他们做什么，镜子里的人也会做什么。

3. 多和孩子玩躲猫猫游戏

这时，孩子喜欢用视、听、味、嗅、触五感来探索一切人和物，并开始思考某些新奇的事物到底意味着什么。他们的认知能力从感觉延伸到了知觉，伴随智力水平的提高，接下来他们的心理也会发生极大的变化。

躲猫猫游戏不仅可以让孩子掌握“物体恒存”的概念，缓解与父母分离的焦虑，还可以帮助孩子有效感知方位、认知空间，更可以培养孩子的自控力和规则意识。所以，这时可以多和孩子玩游戏。

第 6 ～ 8 个月婴儿情绪行为表现与促进

一、第 6 ～ 8 个月婴儿情绪行为表现

6 ～ 8 个月的孩子出现了明显的分离焦虑和陌生人焦虑，尤其害怕与妈妈分开，以及与陌生人接触。妈妈在孩子没有任何准备的时候偷偷走开，会加重孩子相关的焦虑情绪。

二、第 6 ～ 8 个月婴儿情绪行为培养与促进

1. 缓解孩子的分离焦虑

妈妈跟孩子分开时，一定要有分离仪式，要让孩子意识

到，妈妈要离开一段时间，但还会再出现。妈妈离开时，最好跟孩子有一些肢体上的接触，如拥抱、亲吻、短时的陪伴等。千万不要趁孩子不注意的时候悄悄走开。若孩子哭，妈妈要告诉孩子，自己会在什么时间回来，并且要说到做到。通常情况下，孩子会在 1 个月左右的时间内适应妈妈的暂时离开。

2. 缓解孩子的陌生人焦虑

不要强迫孩子主动跟陌生人沟通，要多陪伴孩子接触陌生环境。遇到陌生人时，我们可以刻意远离，不要给孩子制造焦虑、害怕的情绪。这个适应过程受诸多因素影响，上面提到的影响因素同时也是促进方法。

孩子出现分离焦虑和陌生人焦虑是正常的，每个孩子都会经历这样的过程。这个过程对于孩子适应新环境和发展与人沟通的能力至关重要。正因如此，亲子依恋的质量极为重要，会为孩子一生的幸福奠定基础。

第9～10个月婴儿情绪行为表现与促进

一、第9～10个月婴儿情绪行为表现

1. 情绪理解能力继续加强

第9～10个月的孩子情绪理解能力继续加强，他们可以听懂家人80%的语言信息，也可以理解家人的很多情绪。同时，他们对情绪的表达更灵活，表达方式更丰富。他们可以通过动作、语言、语调、表情、身体的变化来表达自己的感受和情绪，而且会用动作、表情回应家人。

2. 开始出现社会性参照能力

孩子这时开始出现社会性参照能力。也就是说，处于陌生的、不确定的情境时，孩子往往会先从成年人身上搜寻信息，然后再采取相应的行动。

3. 出现最初的社交意识

这个阶段的孩子对与他人互动、说话很感兴趣，总想让大人陪在自己身边，跟自己做游戏。如果大人拿出书给孩子读故事，他们可以安静地听很久。

这时，孩子会主动触摸同龄小朋友，或者跟同龄小朋友“聊天”，也就是说他们发展出了最初的社交意识。

二、第 9 ~ 10 个月婴儿情绪行为培养与促进

要努力和孩子建立安全的依恋关系。对孩子的自由探索要给予支持和帮助。不要总是限制孩子的行为，否则他们会产生挫败感和羞愧感。保护是需要的，但一定要讲求限度。

父母是孩子最重要的社会参照标准，孩子会通过观察和

模仿父母的言行进行学习。所以，父母要保持积极乐观的情绪，敏感地关注孩子的情绪反应和需要，而不是在孩子面前想做什么就做什么、想说什么就说什么。另外，代养人的情绪也是非常重要的。

对于孩子日益增强的分离焦虑，父母应该感到高兴，因为这是建立安全依恋的契机。我们要学会和孩子分离，尽量做到该分就分，但陪伴孩子的时候一定要提高陪伴质量。陪伴孩子的时候要全心全意，和孩子做游戏要考虑游戏是否适合孩子的年龄，不要故意制造难题，不要做揠苗助长的事情。

第 11 ～ 12 个月婴儿情绪行为表现与促进

一、第 11 ～ 12 个月婴儿情绪行为表现

孩子这时有了新的情绪体验，如害羞、尴尬、害怕等。

11 个月到 1 岁的孩子因做错事情被大人批评的时候会感到害羞、尴尬。此时，相应的行为表现是身体后倾，或者抿着嘴想要躲起来。

当然，孩子这个时候也有了更多害怕的情绪，他们现在可能会害怕以前不害怕的东西。因为，这个阶段孩子的想象力开始发展，他们会把一些视听刺激和可怕的画面联系起

来。也即，“自己吓自己”的日子开始了。有时候，他们看电视时，电视里面的画面与声音可能会让他们害怕。

二、第11～12个月婴儿情绪行为培养和促进

当孩子有恐惧情绪的时候，我们要给孩子更多的接纳、支持和帮助，不要否定和批评他，更不要给他贴“胆小”的标签，当然也不能强迫孩子接纳他害怕的东西。

研究表明，对孩子的情绪漠不关心或否认批评，可能使孩子的认知和社会技能的发展出现问题。也就是说，如果与孩子的情绪互动是积极的，孩子的心智发展水平便不会低于社会平均发展水平。

第 13 ～ 15 个月幼儿情绪行为表现与促进

一、第 13 ～ 15 个月幼儿情绪行为表现

1. 开始有轻蔑、嫉妒、沮丧、自罪感等情绪行为

1 岁多的孩子又发展出了新情绪。他们开始有轻蔑、嫉妒、沮丧、自罪感等情绪行为。这时，他们害羞和惊讶的体验更深刻。例如，他们面对不喜欢的食品或人时会微微噘起小嘴，皱起眉头，看上去还有一些轻视的意味。有些女孩子甚至开始主动选择衣服和鞋子，面对不喜欢的颜色、样式时会表现出轻蔑的表情。

同时，他们非常抗拒别人拥抱或接触自己的妈妈，爸爸也不例外。如果看到妈妈抱其他小朋友，他们会嫉妒，甚至会大叫着往妈妈怀里钻，有些孩子还会扒开或打抱着妈妈的人的手。这是因为孩子还没有发展出分享的概念，他们仍认为妈妈是自己专属的。

这时候，他们做了错事会感到沮丧，甚至产生自罪感。父母要谨慎批评，要学会赞美，赞美过程中还要夸具体的细节与品质，而不是简单地说“你好棒”。

沮丧和自罪感是与个体自我系统发展密切相关的情绪，它们是孩子认识自己、认识他人的工具。所以，孩子出现沮丧和自罪感时，是建立和巩固安全依恋的契机。

2. 重复学习与练习

这时孩子开始学习说话，他们会不断模仿大人的动作、表情、语言等，重复做自己喜欢做的事情。比如，他们喜欢反复看同一本书、听同一首歌、做同一个动作、发同一种声音等。重复学习与练习是孩子最重要的成长方式。

二、第 13 ～ 15 个月幼儿情绪行为培养和促进

妈妈和爸爸对孩子的高质量陪伴是很重要的。和孩子亲密有爱地说话，对他们所犯错误的接纳和理解，友好地帮助他们获得解决问题的方法，让他们的能力每天都有提高，让他们的受挫力越来越强……都是父母在陪伴中应该重点关注的事情。

试错是孩子成长过程中不可或缺的过程。如果要求孩子事事做到完美，宁愿越俎代庖也不允许孩子失败，可能会彻底毁了孩子的好奇心和创造力，让孩子失去成长的机会。孩子正是在不断犯错中获得成长的。所以，尽管孩子的各种尝试会给家长带来各种各样的麻烦，但家长一定要处理好自己的情绪。可以有目的地训练孩子动作的熟练性，这样他们才会越来越优秀。

这个阶段的孩子十分期望接触同伴，可以带着孩子去小朋友多的环境玩耍。不要害怕孩子之间会发生冲突，比如抢玩具、你推我、我打你等。这是他们的沟通方式，我们做好保护就行，不要动不动就批评孩子做得不好甚至吓唬他们，否则可能增加他们的沮丧和自罪感。

第 16 ～ 18 个月幼儿情绪行为表现与促进

一、第 16 ～ 18 个月幼儿情绪行为表现

1. 自我意识开始萌芽

这个阶段孩子的自我意识开始萌芽。他们开始尝试独立完成一些事情，比如自己吃饭、自己用小马桶、自己穿脱衣服、自己涂鸦等。能够独立做一些事情，会让孩子觉得自己是有价值的，这会使他们拥有更多自信。

2. 语言、认知、情绪快速发展

这个阶段孩子最大的兴趣就是模仿。他们会模仿各种动

物的叫声、动作，模仿成人的语言甚至语气和语调。他们听到大人说什么就会学着说什么，看到大人做什么也会学着做什么。这个阶段，孩子的语言、情绪和认知发展非常迅速。

二、第 16 ~ 18 个月幼儿情绪行为培养与促进

1. 帮助孩子建立自我意识是这个阶段的重要课题

这时孩子开始尝试独立做一些事情，但是做不好时就会感到焦虑和害羞。这时候的焦虑更多源于自己没有做好，这时候的害羞更多源于害怕被批评。父母要正确引导孩子顺利度过这个阶段，不要大包大揽，不要觉得他们还小什么都不会。可以让孩子帮助父母做一些简单的事情，如倒垃圾、拿东西等。这个时候的孩子很乐于做这样的事情。

亲子关系的质量直接影响孩子自我意识的发展，因为孩子在这种关系里会获得自己是讨人喜欢还是让人讨厌的认知。所以，父母的教养方式格外重要。

随着自我意识的逐渐出现，孩子开始意识到他人的情绪反应可能跟自己不同。例如，看见小猫或小狗时，有些人会

害怕，有些人则十分高兴。这是共情能力的萌芽。

2. 创造语言环境，促进语言发展

这个阶段，孩子的语言爆发期开始了。要带孩子多走进大自然，增强孩子的认知与理解能力。同时，要多为孩子读绘本及儿歌，促进其语言能力发展。

3. 让孩子学习处理自己的情绪

可利用孩子自我意识发展的敏感期，让孩子慢慢学习处理自己的情绪，增强与人沟通的能力。家长可以有目的地教孩子理解、认识自己的情绪，以及正确应对自己的情绪。例如，孩子难过的时候，我们可以说出孩子的情绪，如：“你是不是很伤心呀？你可以哭一会儿，也可以抱抱妈妈。”教孩子处理自己的情绪，重要的是要引导孩子解决问题而不是禁止他们做事情，并且不要对孩子过于严厉。

总之，针对第 16 ～ 18 个月的孩子，自我意识的发展、人格的建立是相当重要的课题。

第 19 ～ 21 个月幼儿情绪行为表现与促进

一、第 19 ～ 21 个月幼儿情绪行为表现

1. 出现骄傲、内疚、同情的情绪

随着慢慢长大，孩子的情绪更加丰富，骄傲、内疚、同情等情绪这时开始出现。

孩子自己可以完成一件事情时，会感到非常骄傲。他们会给自己鼓掌，以此来表现自己的心理状态。但是，如果没有做好一件事时，他们在害羞的基础上会产生内疚的情绪，看上去十分惭愧、不安。例如，他们会偷偷看家长，然后把

脸埋起来。

除此之外，当看到其他孩子哭了，孩子可能会有安抚行为，比如摸对方的头、陪在对方身边一声不吭、一直盯着对方看、和对方一起伤心地哭泣等。这是孩子同情心发展的结果。因为同情的出现，孩子除了可以更多地理解别人的情绪，还会猜测对方某种情绪产生的原因。

自我意识的出现，是孩子成长过程中的一个里程碑。家长在教育孩子的过程中，切记不要打压以及故意逗引孩子的不安情绪，比如不要和孩子说“你不听话，妈妈就不要你了”“你不听话，我让警察抓你”等。

2. 自我控制在增强，分离焦虑在减弱

第 19 ～ 21 个月的孩子对自己情绪的控制能力在增强，尽管有时候也会哭闹，但更多的时候很听话。这个时候，可以通过游戏帮助孩子不断提高自我控制能力。在日常生活中，要不断培养孩子的自我认同感、自信心以及积极情绪。

另外，随着时间的流逝，孩子的分离焦虑终于要成为过去了，他们开始和更多事物建立联系。这时，我们要给孩子提供更为丰富的环境，比如多到大自然中玩耍、多和同龄孩子互动等，以增加孩子与不同的环境和人的互动体验。

二、第 19 ~ 21 个月幼儿情绪行为培养与促进

1. 可以训练孩子的延迟满足能力。延迟满足的关键不是延迟而是满足。具体而言，延迟满足是把满足的时间和空间稍做调整。当孩子有某种需求的时候，我们可以试着将满足时间推后或换一种方式。

2. 爸爸要多陪伴孩子。很多研究表明，爸爸的积极陪伴，会让孩子的性格更开朗，会让孩子的运动能力及情绪调节能力更强。爸爸只需要在平时的游戏中设置明确的规则，便可以帮助孩子培养自我控制能力。

3. 因为自我意识进一步发展，随之而来的自我评价和自我体验对孩子的影响是巨大的。在生活中，我们一定要给孩子更多元、更客观和实事求是的评价，帮助孩子顺利度过成长中的每一个阶段。我们还要多鼓励孩子养成努力、坚持的品质，这样可以给孩子一个明确的发展方向，更有利于孩子发展。

第 22 ~ 24 个月幼儿情绪行为表现与促进

一、第 22 ~ 24 个月幼儿情绪行为表现

2 岁左右的孩子有了更多需求，开始区分自己和他人，虽然有时候可能表达不清楚你、我、他等各种人称代词，可能把“我要吃饭”说成“你要吃饭”，但是已经可以准确表达自己的意愿了。

快 2 岁的孩子，拥有更多持续、稳定的情绪，如开心、温和、平静等。当然，沮丧、害羞、惊奇等情绪在这个阶段表现得依然很明显。值得高兴的是，他们开始表现出对父母的感激和对同伴或他人的热情。孩子自我意识发展得越好，

越希望自己能做得更好，越想获得更多赞美。由此，他们调节自己情绪的能力在不断增强。

当孩子的情绪不稳定的时候，很多情绪的发生是短促的、爆发性的，孩子很容易从一种情绪状态转换至另一种情绪状态。比如，妈妈抱别的小朋友时，孩子会嫉妒，但当这个小朋友哭的时候，孩子又会同情。这是孩子自我意识发展的结果。

因此，作为父母我们需要在这个阶段教会孩子理解和认识自己的情绪，同时在生活中通过一些力所能及的事情促进孩子自信心的发展。一般 2 岁左右孩子的兴趣开始固定。有些孩子喜欢安静的单人游戏，比如搭积木、拼拼图等。有些孩子则喜欢热闹的多人游戏，比如追着跑、捉迷藏等。而且他们开始表达自己想做某些事情，也希望别人对自己感兴趣的事情感兴趣。这些均有利于孩子积极情绪的建立。

二、第 22 ~ 24 个月幼儿情绪行为培养与促进

要学会利用孩子的自我意识，发展孩子的个性。

很多2岁左右的孩子已经能说会道了，跟家长对着干的情况也越来越多。虽说他们也在努力做自我控制，可是控制不住自己的时候很多。我们可从以下几方面入手。

1.学会倾听。不要总觉得孩子做得不对，要站在他们的角度想想他们为什么会这样那样。要多倾听孩子的想法，鼓励孩子说出自己的感受。同时，要避免对孩子发号施令，而是要给出充足的信息，让孩子有选择的机会，满足他们现阶段的掌控感，让他们感觉到自己是做决定者。比如，当孩子不好好吃饭时，我们可以这样说："你是先吃米饭还是先吃菜呢？"这个时候，孩子会觉得自己是做决定者，是独立的个体，有自己选择的权利，很快就会做出选择。这一阶段孩子并不会反抗，而是会从心理层面与父母分离。

2.做游戏永远是解决问题的最佳选择。孩子不爱刷牙、不想吃饭、总是哭闹等，我们均可以通过游戏方式转换他们的情绪，从而找到解决方法。通过比赛以及反向的育儿技巧，可以很好地促进孩子的积极性。比如："我忘记洗脸的步骤了，你可以教我吗？""哎呀，妈妈不知道怎么洗手呀，你教我一下好吗？"等等。父母要记住，没有孩子不喜欢游戏。游戏化的方法是快速解决孩子许多问题的法宝。

3. 教孩子一些调节情绪的方法。诉说、拍打枕头、自己冷静一会儿、换个环境等都是可用的好方法。当然，跟孩子一起阅读一些关于情绪的绘本也是可以的，他们会从中学习不同的情绪以及处理情绪的方法。其实，说出自己的情绪就是一个很好的处理情绪的方法。一定要记得，无论面对什么样的情绪，拥抱孩子都是非常好的疏解孩子情绪的方式。

4. 跟孩子多聊天。这既可促进他们的语言发展，也有助于父母了解他们是如何看待自己、评价自己和看待父母、评价父母的。日常生活中，要多给幼儿提供评价的机会。比如，孩子活动后，可以问问他们："今天玩得怎么样啊？"更要引导孩子在笼统评价的基础上进行具体的自我评价。在孩子和其他小朋友一起活动时，也可以让孩子评价一下其他小朋友的行为。孩子在评价别人的过程中能进一步认识自己，这不仅能提升孩子的语言表达能力，也能提升其自我评价能力。这还有利于父母发现问题并调整教育方针，以及减少和孩子之间的矛盾。

第 25 ～ 30 个月幼儿情绪行为表现与促进

一、第 25 ～ 30 个月幼儿情绪行为表现

1. 情绪调节能力的发展

2 岁多的孩子开始用表情影响他人。研究表明，2 岁左右，孩子会进入一个语言沉默期，这时他们意愿的表达和与他人的沟通，绝大多数是通过传递表情完成的。此时，孩子会根据不同需要调节情绪表达，对于同一种情感在不同场合也可能会有不同表达。例如：高兴的表达，在家里和在公共场所是有区别的；同样是愤怒，在陌生人面前和在自己信任的妈妈面前的表达是不同的；等等。这是情绪表达的社会适

应性表现。

2. 共情能力的发展

孩子这个时候出现了共情（也称同理心）。共情指体验别人内心世界的能力。心理学研究表明，共情是一种态度，是一种能力，也是一种人格。共情也是培养孩子情商最重要的内容。孩子的共情能力往往会在孩子的一些假想游戏中表现出来，如孩子会安慰宠物、玩具等。他们会赋予玩具和周围一些事物生命力，并且十分爱护、珍惜它们。共情能力强的孩子，往往更会察言观色，很容易识别出一件事或一个人的不对劲之处。

如果我们与孩子的对话中常常有情绪相关词汇，这个时候的孩子便会在有情绪的时候用这些词汇表达。在日常生活中我们可以多和孩子玩一些关于情绪词汇的练习游戏，引导他们说出高兴、生气、难过、伤心等情绪相关词汇。父母可以示范，说出让自己开心、有趣的事情，表达自己的情绪状态。这不仅可帮助我们更好地理解孩子的内心世界和心理状态，也可提升孩子的情绪表达能力。

二、第 25～30 个月幼儿情绪行为培养与促进

1. 孩子初步发展出了自己调节情绪的方法。孩子可能捂住眼睛不去看令人不开心的景象或捂住耳朵不去听令人不开心的声音，这被称作限制感觉输入法。或者孩子会自言自语地说“妈妈说她很快就会来的，不用害怕，我一扭头就看见她了”。更高级的情绪调节法是转变目标。例如，孩子想要加入某个群体一起玩游戏，却遭到了拒绝，他们难过瞬间后就自己去玩了。

我们需要在幼儿成长过程中教他们学习一些调节情绪的方法，这样在遇到问题的时候，他们才会找到合适的解决情绪问题的方法。因此，不要因为害怕孩子伤心、难过就不带孩子进行社交。这是儿童心理发展的一部分。

2. 要共情孩子的感受，接纳他的情绪，让他知道任何情绪都是正常的、都可以表达出来。共情还意味着家长放下自己的评判和情绪，去感受孩子的感受。共情不只是语言上的，身体上的亲密接触也是共情。拥抱、抚摸都是很好的共情方式。在孩子表达情绪后，我们要积极反馈，可通过语言、拥抱、亲吻等来回应孩子的情绪。这一方面可以很好地

安抚孩子的情绪，另一方面可让孩子明白，父母是最值得依赖和求助的对象，父母会一直保护他们。这有助于孩子安全感的建立。

2 岁半是孩子成长过程中的一个关键期。父母要不断深入了解孩子情绪发展的过程，这样才能更好地促进孩子健康成长与发展。

第 31 ～36 个月幼儿情绪行为表现与促进

一、第 31 ～ 36 个月幼儿情绪行为表现

1. 社会情感开始发展

即将进入人生第三个年头的孩子发展出了社会性情感，如自豪、怀疑、羡慕等，经常会表现出轻蔑、羞愧等情绪。这些情绪可以帮助孩子不断认识自己、认识他人、认识世界。

比如，孩子开始羡慕其他小朋友有好玩的玩具、好看的衣服等。这个阶段，要重点关注孩子的内心世界，帮助他建

立自我认同感，准确表达自己的情绪。我们要让孩子明白，情绪本身没有对错、好坏之分，但是表达情绪的方法与行为有对错、好坏之分。

2. 开始学习调节自己和父母之间的矛盾

这个时候的孩子可以学会调节自己与父母之间的矛盾。除了原来使用过的逃避刺激法、自言自语法、分心放弃法等，他们开始学着用面部表情和语音语调来调节情绪。例如：挨训的时候，他们可能会翻白眼表示愤怒；被赞美的时候，他们可能压低声音，做出一副“没什么大不了”的表情。

随着调节和控制情绪手段的增多，孩子情绪的冲动性在减少，稳定性在增加。而且随着语言的发展，他们不但开始学着从表情上调节情绪，而且会用语言来调节情绪。例如，害怕的时候，孩子可能会对自己说：“世界上根本没有魔鬼，这都是骗小孩子的，我才不怕呢。”同时，他们也愿意谈论自己的情绪，还会有一些相当精确和形象的比喻，如“妈妈，这个故事太可怕了，我都想钻到你肚子里去了”。因为可以理解他人的情绪与自己的情绪不同，孩子的共情能力在不断增强。

这个阶段的孩子，对和小朋友交流很感兴趣，对富有想象力的游戏也很感兴趣。他们还喜欢将玩具进行各种充满想象的拼装，因此我们需要给孩子提供合适的环境，促进孩子想象力和语言能力的发展。

二、第 31 ～ 36 个月幼儿情绪行为培养与促进

研究表明，喜欢交际的、自信的孩子更善于调节自己的情绪，乐于帮助、分享，善于安慰他人。另外，这个阶段如果我们做好情绪教育，孩子可在很大程度上做好入园准备。

让孩子学会控制情绪，重要的是“管得住，放得开”。即，在需要管住自己的时候适可而止，需要表达和释放的时候能自由自在。也就是说，能随着环境的变化控制情绪。

还要让孩子了解每个人的想法都不同，并且这些想法会带来不同的影响，这是在培养孩子的共情能力和思维的灵活性。陶行知先生说，生活即教育。我们在生活里可以发现很多与教育相关的课题。启发孩子思考，最终实现自我教育，才是教育真正的目的。

三、幼儿良好行为习惯的培养

1. 习惯养成的重要性

培养婴幼儿良好的行为无疑是非常重要的，而使良好的行为变成习惯更重要。

习惯是一种顽强而巨大的力量。叶圣陶先生说过："什么是教育？简单一句话，就是养成良好的习惯。"他还说："凡是好的态度和好的方法，都要使它化为习惯。只要熟练得成了习惯，好的态度才能随时地表现，好的方法才能随时随地应用，好像出于本能，一辈子受用不尽。"好的行为习惯，使人受益无穷。问题是如何尽早培养孩子的行为，这是方法问题，更是观念问题。家长首先要树立科学的育儿观，育儿的方法可以是多样的。

2. 培养良好行为的方法

培养孩子良好行为的方法很多，下面介绍几种常用的基本方法。

(1) 传授法。即在同婴幼儿交往中，通过帮助、指导、纠正、强化、要求等，让婴幼儿逐步学习和形成分享、谦让、协商、互助、友爱、尊敬长辈、关心他人等社会性行为。日常生活中，要教会婴幼儿尊老爱幼，与小朋友一起玩时要互相谦让，关心、帮助有困难的小朋友，无论在什么地方碰见残疾人都要主动让路并适当给予帮助等。

（2）规范法。需要规范的行为很多，如到别人家做客时应该遵守规矩，逛商店、游公园、乘坐公共汽车时要注意相关事项等。慢慢地，孩子的良好行为就养成了。

（3）强化法。强化是促使行为习惯养成的一种重要手段。强化的种类很多，如积极的强化、消极的强化、间隔的强化、持续的强化等。婴幼儿表现好，大人微笑着拍拍他的肩膀，就是很好的强化。表示赞同、支持、鼓励的语言、手势、动作等都是积极强化。对于婴幼儿的良好行为要及时进行表扬、鼓励，通过强化让其继续保持下去。

（4）模仿和想象法。带婴幼儿外出活动时，可让他们观察别的小朋友的好行为，如对人有礼貌、守秩序等，同时鼓励孩子学习。

（5）稳定情绪法。研究表明，当依恋对象在场时，婴幼儿往往更加安静、坦然，能坚持完成一定的活动任务。甚至父母和老师的声音、录像也有“安慰剂”的功效，可使孩子轻松地应付陌生情境，摆脱紧张、焦虑。如果父母经常对婴幼儿表达关怀、支持和鼓励，婴幼儿容易形成关心别人、善良的品质。父母的相关行为对婴幼儿的自信心、自尊的形成也具有积极的影响。父母要注意婴幼儿的情绪行为，让孩子经常处于稳定的状态，这样更利于其身心健康发展。

(6) 丰富知识法。即丰富婴幼儿的知识，提高其认知水平。婴幼儿的认知能力是通过直接接触世界发展起来的，而婴幼儿的活动又不能离开成年人，所以成年人要积极地为婴幼儿提供活动的材料、机会、条件，还要引导他们学习如何观察身边的事物、解决遇到的问题等。成年人的支持、合作、指导是婴幼儿认知能力发展和提高的必要条件。

5

第五章

婴幼儿情绪行为问题及干预方法

什么是发育过程中的情绪行为问题

随着年龄的增长，受家庭和社会的影响，儿童逐渐形成了个体特有的人格特征。另外，虽然儿童时期形成的行为方式，常常会持续下去，但是儿童的行为也是有可塑性的，那些不正常的行为经过长时间的矫正是可以得到改善的。说到不正常的行为，我们可能会面临这样一个问题——什么是不正常行为？行为的性质判定是一个比较复杂的问题，至今没有统一的标准。不同的国家、地区风俗习惯不同，儿童年龄阶段不同，判断行为正常与否的标准也不同。我们判断一个儿童的行为正常与否时，一定要注意以下几点。

1. 儿童的行为应该与年龄相适应，因为儿童身体、心理在不断发展变化。儿童 1 岁时应该学会走路，3 岁还不会走路就应视为发育迟缓。2 岁尿床应视为正常，5 岁还尿床则应该诊断为遗尿症。

2. 儿童的行为应该与其所处的家庭、社会环境，以及所受教育有关。

3. 儿童通过学习，可以掌握与其年龄相适应的行为方式。

4. 儿童能逐渐学会控制自己的情绪，掌控自己的行为，以使自己的情绪行为与外界要求相一致。

总之，正常儿童的情绪、行为、认知、人际关系等，必须适应环境，符合社会要求和规范。如果对婴幼儿时期的情绪行为问题不够了解、认识不足，或者处理不当，不但会导致更严重的问题，也可能危害儿童的身心健康，影响他们的性格发展以及上学后在学校的学习，甚至对其成年后的行为、品德也有一定影响。因此，对婴幼儿时期的情绪行为问题，一定要给予充分的重视和适当的引导，以利于儿童健康人格的培养和发展。

由于生物、社会、心理因素的影响，儿童在生长发育过程中可能出现偏离正常发育趋势的情绪行为问题，而且相关问题出现的次数很多、持续的时间很长。经过变换环境、适当教育，或者随着儿童年龄的增长，许多情绪行为问题可以矫正或自动消失。

综上，这样的情绪行为问题称为发育过程中的情绪行为问题。

吸吮手指及干预方法

一、概念

孩子出生后，大人若用手指轻轻触碰孩子的唇部，他会张口并做吸吮动作。这一动作是一种反射行为，生理学上被称为“吸吮反射”。吸吮反射在孩子 3 ~ 4 个月时消失，代替它的是主动吸吮动作。

1 岁以内的婴儿常常把自己的手放到口里吸吮，这是一种正常的生理现象。大约 90% 的婴儿都会出现这种行为，我们可以认为这是人生早期的一种探索和学习行为。也有婴儿在饥饿或寂寞时，常常以吸吮手指为乐。如果我们把他的手指拿开，他会强烈反抗，甚至哭闹。这种行为也可成为习惯，成为习惯后才能称为吸吮手指或吃手指。

2～3岁以后，儿童吸吮手指的行为将逐渐减少。如果此时儿童吸吮手指的行为不减少，反而增加，甚至在能够用语言表达饥饿或内心感受时儿童仍旧吸吮手指，并能从中获得心理安慰，且经成人干预不能改正，那么这种行为就成为情绪行为问题了。可见，只有出现在一定年龄孩子身上的、基于获得心理安慰目的的并且不容易纠正的吸吮手指，才能称为情绪行为问题。这种情绪行为问题还可表现为吸吮嘴唇、吸吮手绢、咬被角等。

二、原因

一般认为，吸吮手指是家庭环境不良或养育方法不当所致。具体原因如下。

1. 喂养不当。人工喂养、母乳不足、哺乳时间太短等均容易导致孩子吸吮手指。另外，当孩子饥饿时，若不能及时喂奶，孩子可能吸吮手指以对抗饥饿，久而久之形成行为问题。

2. 由于缺少成人的陪伴、生活单调、较长时间处于孤独状态、缺少玩具等，孩子可能因感到寂寞无聊而吸吮手指以自娱、自慰。

3. 有人认为孩子过了吸吮手指的年龄仍旧吸吮手指，可能是生理发展不成熟的外在表现。

三、干预方法

强制性地制止孩子吸吮手指，会使孩子产生焦虑心理，反而可能让孩子更加频繁地吸吮手指，因此矫正办法要视情况而定。如果不消除致使儿童养成吸吮手指习惯的原因，其吸吮手指的习惯就难以矫正。只有相关原因被消除，这个坏习惯才有机会得到矫正。

1. 成人要给予孩子细心周到的照顾，满足孩子的需求。哺乳可以满足孩子吸吮的需要，并能保证孩子吃饱，要尽量采用母乳喂养。

2. 丰富孩子的生活，尽可能不让孩子长时间一个人玩耍。要让孩子手里有的拿、眼睛有的看、耳朵有的听，如此孩子才不会感到无聊。这既是预防措施，也是矫正方法。

3. 孩子吸吮手指时，可用其他物体分散其对固有习惯的注意力。

4. 对于那些生理发育不成熟的孩子，要促进他们的生理成熟。可促进孩子生理成熟的有效方法是加强运动功能训练，训练孩子坐、爬、站等能力。运动功能发展可以带动感知觉发展，继而使行为趋向成熟。

5. 如果使用以上方法仍不能改变孩子吸吮手指的习惯，那么家长要反思自己的育儿方法和态度，消除家庭环境中可造成孩子紧张的不良因素。强制性地让孩子戒掉吸吮手指的行为习惯往往是不奏效的，家长要以平和、宽容的心态对孩子的要求给予回应。

咬指甲及干预方法

一、概念

咬指甲多发生在 3 岁左右，其症状表现不尽相同。大多数儿童只表现为好咬手指甲，有的儿童则好啃手指甲及周围的皮肤或脚指甲。

咬指甲行为严重程度不尽相同。大多数不严重。少数年龄较大的孩子的相关行为可以十分严重。最严重的情况是每个手指甲都被咬坏，同时伴其他行为问题，如多动、睡觉不安稳、吸吮手指等。有的孩子常常在紧张不安时出现咬指甲行为。随着年龄的增长，多数儿童的相关症状可以自行消失。

二、原因

最主要的原因是心因性的，大概有以下几种情况。

1. 父母关系不融洽，家庭不和睦。

2. 由于亲子关系存在问题，孩子常常紧张不安，内心充满冲突，这种情况下很容易出现咬指甲行为。

3. 孩子在受训斥、惩罚时容易咬指甲并养成习惯。

4. 孩子可能模仿家长或他人而养成咬指甲的习惯。大一点的孩子可以在思考时不知不觉间养成咬指甲的习惯。

三、干预方法

1. 平时要经常为孩子修剪指甲，帮孩子养成讲卫生的好习惯。

2. 清除家庭中的紧张因素，努力营造适合孩子健康成长的温馨和谐的家庭气氛和教养环境。

3. 改善亲子关系。父母对孩子的需要、要求要有敏锐的觉察，要学会根据孩子心理发展水平和特点对孩子提出的要求予以回应。

4. 对有咬指甲习惯的孩子不要任意惩罚和训斥，否则不但没有效果，往往还会起到相反的作用。咬指甲这种行为往往可反映儿童的内心世界和精神状态，比如内心充满矛盾、精神紧张等。这种内心充满矛盾和精神紧张的状态必然会影响孩子的健康成长。因此，我们要努力找出并消除造成孩子心理紧张的因素。当造成孩子心理紧张的因素被消除，其行为问题的矫正就指日可待了。

愤怒惊厥及干预方法

一、概念

愤怒惊厥又称屏气发作，是婴幼儿呼吸系统方面的一种神经症。孩子出生后6个月便可发生此症，但发生率最高的时期是1岁左右。

这种病症的特点是，每当感到生气、害怕、不合意时，孩子先会哭叫两三声，之后会背过气去，接着会出现嘴唇青紫、全身强直、失去知觉甚至全身抽搐。

轻者半分钟左右恢复知觉，重者可以持续2～3分钟。

起初发作不频繁，以后发作逐渐增多。重者一天可发作数次，但随着年龄的增长，发作次数会逐渐减少。2～3岁时大多自然停止。最晚的到5岁不再发作。

二、原因

愤怒惊厥一般是下面几个原因导致的。

1. 精神紧张或情绪激动。如，孩子突然受到惊吓或者大声哭喊，致使呼吸不畅、血中碳酸浓度过低，以致大脑缺氧，从而发生此症。哭泣还可能使脑血管收缩，最终导致昏厥或抽搐。只要恢复呼吸，此症便会停止。

2. 惊厥阈值低。

3. 缺铁亦是造成此症的原因之一。

三、干预方法

防治的关键在于正确的教养。

1. 首先要消除造成孩子精神紧张和情绪激动的因素，当然对孩子也不要过度迁就和溺爱。

2. 对缺铁者应给予补铁治疗。

发脾气及干预方法

一、概念

发脾气指孩子在受到挫折，或个人的某些需求没有得到满足时，出现又哭又闹的表现。孩子常突如其来地暴怒，抡起小拳头捶、抓、打等，或者在公共场合坐在地上不起来，甚至在地上打滚，使家长十分尴尬。

发脾气在任何年龄阶段的孩子中均可以发生，但在婴幼儿时期最常见。

二、原因

很多人认为，孩子爱发脾气主要由父母教养方法不良所致，如溺爱、迁就、娇宠等。其实，这种说法有些绝对。我们不妨从多个方面分析孩子乱发脾气的原因。

1．从生理角度看，脑组织中的化学物质，身体里的矿物质、维生素不平衡，可能会造成孩子情绪冲动和乱发脾气。

2．从能力方面看，孩子能力不够，力不从心，会因挫折感而乱发脾气。例如，写不好字、画不好画时，孩子就会突然发脾气，撕掉或扔掉手里的东西。

3．人之所以会发脾气是由于愤怒。成人是这样，孩子也是如此。我们总认为，孩子发脾气是因为大人溺爱他们，他们被宠坏了。我们是否想过这一切可能是我们的无知导致的呢？不了解孩子的情感和需要，要么一味地给予物质上的满足，要么忽视孩子合理的要求，都会导致孩子出现情绪行为问题。比如，7～8个月的孩子撕纸的要求是合理的，而家长认为这不合理。当孩子的要求或情感上的需要一再被忽视或否定时，他们就会感到困惑，甚至会感到无助，从而越来越愤怒。这种愤怒情绪无法宣泄时，孩子就会大发脾气。

4. 当父母的态度不一致时，孩子不知所措，也可能发脾气。

5. 如果父母动不动就发脾气，孩子爱发脾气就可以理解了，因为父母是孩子的“榜样”。

三、干预方法

我们要针对不同的情况，采取不同的方法。

1. 关注孩子的生长发育和消化吸收状况，可减少生理因素造成的发脾气。

2. 当孩子做不好事情时，大人千万不可随意批评或否定他，而是要仔细观察以了解他的困难所在，并给予口头层面的鼓励和行动层面的帮助。

3. 无论什么原因造成的发脾气，都是消极的表达情感的方式，一旦这种表达方式固定下来，就会导致不良的行为习惯。因此，在针对特定原因解决问题之余，家长在孩子发脾气时一定要采取合理的措施，最好冷静处理，不要负强化孩子发脾气的情绪行为模式，并且要持之以恒、始终如一。

4. 当今社会人们强调智能至上，不少家长过度看重充满竞争性的成就，因此难以在情感上与孩子做自然的、深入的交流，也体会不到带孩子的乐趣。在这里，我建议家长拿出一定的时间，以轻松专注的心态观察、欣赏孩子的言行所传达的信息，然后循着孩子的信息与其沟通，而且不要急于得到预期效果，重要的是领略与孩子相处的乐趣。家长一旦领略到带孩子的乐趣，孩子所发出的重要信息及感情上的需要就不会被忽略。

依赖性太强及干预方法

一、概念

从某种意义上说，依赖性及依赖行为相对应的是情感的联结及外在表现。

在婴幼儿时期，孩子希望自己受到照顾，常常寻求与依赖对象（如母亲或其他看护者）身体上的接触，如被母亲或其他成人抱着、坐在成人身上、站立时紧紧抱着成人不放、紧紧依偎在成人身旁等，这就是儿童的依赖性或依赖行为。如果这种行为过多或性质过于严重，也会成为问题。

二、原因

依赖性的形成既与性格有关，也与环境有关。从环境的角度看，原因如下。

1. 母亲的过度照顾，可导致孩子的过度依赖行为。

2. 长期被父母忽视、缺乏安全感的孩子会产生依赖行为。

3. 家长对孩子在独立层面过早提出要求，在孩子还不具备独立能力时就培养其独立性，可能导致孩子正常的依赖需要得不到满足，致使孩子不但不能发展出独立性，反而出现依赖性及依赖行为。

4. 在亲子交往过程中，父母对孩子的要求的反应不能做到始终如一，或是拒绝孩子带有依赖性的要求，或是满足孩子的依赖性要求，可能导致孩子发展出更严重的依赖行为。

5. 2 ~ 3 岁孩子处于依赖性发展的关键期，此期间如果缺乏父母的陪伴，孩子会产生不安全感，甚至产生焦虑情绪，从而导致严重的依赖性。

6. 人格依赖又称情感性依赖，属于异常人格的一种类型。这种孩子会不断地寻求别人的友好反应、感情上的支持，而且他们的依赖情绪和行为具有持久性。这样的孩子长大后容易缺乏主见，总觉得自己能力不足，甘愿置身于从属地位。

三、干预方法

1. 要消除孩子的依赖性，父母首先应树立正确的养育观念，学习科学的育儿方法，对孩子的要求要符合孩子的年龄特点。

2. 在孩子新生儿期或婴儿期，要适当地照顾孩子，帮孩子建立良好的安全感。

3. 对孩子独立能力的培养要适时，不能过早，更不宜过度。

4. 父母对孩子的态度要一致，对孩子的要求的回应要始终如一，既不能过分冷漠、粗暴，也不能过分保护。孩子有很好的安全感，就不会有不恰当的依赖行为。

5. 人格既有特定性，又不是不可改变的。因此，对人格性依赖者要不断地进行引导，以增强其自主性、独立性。

异食癖及干预方法

一、概念

异食癖指进食非食物性物体（如灰尘、煤渣、墙皮等）的怪异行为，是一种特殊嗜好。

一般来讲，异食行为大多从 1 岁半开始出现，1 岁以前咬食非食物性物体不能视为异食行为。异食行为在 1 岁半至 3 岁的幼儿中最多见。

二、原因

可引起异食行为（异食癖）的原因，至今说法不一，没有定论。

1. 从生理角度看，有人认为异食行为是由体内铁、锌缺乏所致。也有人认为，吞食较多黏土，可造成贫血、缺锌，吞食大量灰尘还可导致铅中毒。到底是铁、锌缺乏导致异食行为，还是异食行为造成铁、锌缺乏，没有定论。

2. 从心理角度看，有人认为异食癖是一种心理失常的强迫行为，这种行为的产生与家庭环境不良有关，如家庭不和睦、父母教养方法不良、父母由于忙于工作或生计而无暇照管孩子等。

三、干预方法

对于异食癖，必须先确定原因，然后再进行有针对性的治疗。

1. 无论体内铁、锌缺乏与异食癖孰因孰果，只要孩子缺铁、缺锌，就要及时补充。

2. 心理治疗对于异食癖十分重要。父母要改善育儿态度与方法，使孩子能够从父母那里得到支持与关爱。责罚和捆手脚是不可取的，不但不能消除异食行为，反而可能使这种行为加剧。父母要加强对孩子的饮食管理。要矫正孩子的异食行为，可以用行为疗法（如厌恶疗法）。

3. 随着年龄的增长，孩子的异食行为会逐渐减少甚至消失，很少会持续至 4 岁以后。

厌食症及干预方法

一、概念

厌食症是指长时间的食欲减退或消失。

二、原因

婴幼儿厌食可以由以下几方面原因造成。

1. 生理因素，如慢性消化道疾病、长期消化不良、便秘等。食用易引起恶心、呕吐的药物也可以导致厌食。

2. 不良的饮食习惯常常是厌食的主要原因。高蛋白、高糖饮食可造成食欲低下。在饭前吃零食、吃饭不定时、生活不规律也会影响食欲。

3. 家长的不良养育方法也可导致孩子厌食。如：有的家长喜欢边喂孩子边与别人聊天，孩子则边吃边玩；有的家长喜欢追着孩子机械地强迫喂食；有的家长对孩子进食的期望过高，喜欢跟别人家孩子比，总觉得自己的孩子吃得少，从而对孩子过度喂食；等等。

4. 食物本身过于单调。如色、香、味均无法引发孩子食欲的食物。

5. 生活中，气温过高、温度过大等环境条件也可以影响神经系统调节消化酶的活力，造成厌食。

6. 可造成婴幼儿厌食的另一重要因素是情绪。小儿精神受到刺激或心情不愉快均可发生厌食。小儿受到强烈惊吓后，可能出现精神萎靡、食欲减退。如果精神受了刺激、较长时间不愉快、离开亲人、到了一个新的环境等，小儿常常会拒食，甚至长期厌食，有时还伴饭后呕吐。如果相关刺激是暂时的，只要消除刺激因素，厌食症会逐渐消失。也就是说，厌食持续的时间不会太长。

三、干预方法

要解决孩子的厌食问题，首先要搞清厌食的原因。

1. 对于疾病或生理原因造成的厌食，首先要治疗相关疾病，解除导致厌食的生理因素。

2. 改变不良的喂食方法和不良的饮食习惯。家长不要过分强迫小儿进食。如果小儿拒食，暂时不要给他吃，他饿了自然会吃。

3. 对于精神因素导致的厌食，首先要消除各种导致小儿精神不愉悦的因素。可通过增加孩子的活动量，减少精神疲劳，改善厌食行为。

4. 经常变换饮食，吸引孩子，刺激孩子的食欲。还可以让孩子与其他小朋友一起吃饭。大家一起吃饭，互相感染，互相分享，可以产生良好的治疗效果。

睡眠不安与夜啼及干预方法

一、概念

睡眠不安指睡眠不深、睡时辗转反侧、易醒，多见于婴幼儿。夜啼指经常性的、规律性的半夜啼哭。睡眠不安与夜啼常常相伴出现。睡眠不安的孩子晚上不愿睡觉，睡后很容易醒，睡时常辗转反侧或全身抖动，睡得不深。有的孩子夜间啼哭，白天没精神。睡眠不安的孩子易激惹，常常烦躁不安，时有食欲不好。有的孩子昼夜完全颠倒，白天整天睡，夜间整夜不睡或哭闹。

二、原因

造成婴幼儿睡眠不安、半夜啼哭的原因很多，大致可分为生理性原因和非生理性原因两大类。

其中，生理性原因包含如下几方面。

1. 当孩子脑发育不成熟时，其昼醒夜眠的习惯正在形成或刚刚形成，由于抚养方法不对，孩子的睡眠规律易受影响，从而出现白天睡、夜里醒的情况。

2. 身体不舒服或相关疾病。如尿布湿了、尿布太紧、内衣太紧或太硬、饥饿、口渴、发热、肚子痛、耳朵痛、鼻塞等均可使孩子睡眠不安或夜间啼哭。有佝偻病的孩子可出现夜里睡觉不踏实，容易出现夜惊。生理因素尤其是疾病引起的半夜啼哭持续时间不会很长，一旦身体上的不舒服没有了，孩子也就不哭了。

造成孩子睡眠不安或半夜啼哭的非生理性原因一般有这样几种情况。

1. 家长过于焦虑。母亲长期紧张不安、家庭不和睦等均可对孩子产生不良影响。

2. 家长过于敏感。如，过于频繁地把尿、不时看孩子是否把被子踢开了、频繁地折腾孩子、近于神经质的表现等均可使孩子产生紧张感，从而常常半夜啼哭。

3. 孩子若白天受到强烈的刺激，夜里容易做噩梦，梦醒之后会感到恐惧不安，因而可能啼哭。比如，白天孩子挨了训斥，大人的语调和表情就会成为强烈的刺激，可能导致孩子夜间啼哭。

4. 神经过于敏感的孩子，也容易发生夜啼。这种孩子好像不能熟睡，有时看上去像是睡着了，但周围若有一点小小的声音，就会醒来甚至哭起来。这种神经过敏的孩子一旦哭起来，会哭很长时间，很难哄。

三、干预方法

如何对待常常睡眠不安及夜啼的孩子呢?

如果夜啼是生理原因造成的，那么首先要排除相关生理因素。同时，一定要尽早帮孩子养成良好的生活规律和睡眠习惯。

如果孩子没有生理上的相关问题，那么家长要尽量避免养育孩子过程中的问题。

1. 白天要让孩子避免强烈的刺激。

2. 有时候焦虑的家长容易说太多话，家长的话太多也容易引起孩子夜啼。可以采用所谓的沉默疗法，即安静地用微笑对待孩子，这样可以使孩子紧张的神经得到放松。

3. 比较难解决的是家庭关系引起的孩子夜啼，如婆媳意见不一致、夫妻之间不和睦等。如果是这样，家庭成员之间要互相包容，同时对于孩子的啼哭要用轻松的心态去接纳，打心眼里接受孩子夜里哭闹、不睡觉的行为。家长一旦持这种态度，孩子的啼哭可能会奇迹般地减少甚至消失。

4. 那些由于神经敏感而夜啼的孩子，往往在某些方面具有非常敏锐的感觉，将来也许会有优异的判断能力。家长相信自己有一个值得培养的孩子，那么对于孩子的啼哭也就更能容忍。

小便不能控制及干预方法

一、概念

小便控制训练最好在 2 岁左右进行。如果孩子过了这个年龄，如 3 岁以后，在夜间入睡后甚至白天仍然不能控制排尿而尿湿了被褥或裤子，称为小便不能控制。

二、原因

造成小便不能控制的原因很多。据研究显示，70% 小便不能控制的儿童的一级亲属（父母、兄弟姐妹）中有人有遗尿史，因此很多人认为这种情况是有家族遗传倾向的。

具体而言，婴幼儿小便不能控制的原因是多方面的。

1. 长期使用尿布或纸尿裤，忽视排便习惯的训练，可使孩子养成随时随地小便的不良习惯。

2. 训练方法不当也可造成孩子小便不能控制。如，半夜把孩子弄醒并让孩子坐在尿盆上尿，之后不管孩子尿了没有又将其抱到床上去睡。这样做的结果是不能让孩子把便盆和排尿联系在一起，从而使孩子坐在尿盆上不尿，站起来就尿，无法形成正常排尿的条件反射，发生排尿习惯紊乱。

3. 有的父母无论孩子是否有尿都会定时强迫孩子坐在便盆上尿，从而导致孩子对便盆产生恐惧，还不利于孩子排尿习惯的培养。

4. 把尿太勤可使孩子憋不住尿，这是目前较多见的小便不能控制的原因之一。生理上的一些原因，如白天有尿频而尿量少的现象，可使孩子夜里尿床。心理功能紊乱的孩子，常有排尿不能控制的现象。小便不能控制的孩子，多有些神经质，或有情绪抑郁、多动、好发脾气等情况。

研究发现，小便不能控制与儿童情绪行为之间存在着戏剧性的关系，当情绪问题好转时，孩子小便不能控制的现象就消失了。因此，有精神病学家认为小便不能控制是情感障碍或矛盾所致，是焦虑情绪的一种表现。还有人认为，小便不能控制源于情绪能力不成熟，或者是儿童发泄愤懑情绪的手段。当然，身体过于疲乏、深度睡眠、尿了床不自知等情况也是十分常见的。

三、干预方法

1. 培养良好的排尿习惯是预防小便不能控制最基本的方法。排尿训练最好的时期是 2 岁左右。

2. 对已有小便不能控制问题的儿童，先要搞清原因，之后再根据原因采取适当的方法。夜间定时把尿或叫醒孩子尿尿，逐步培养孩子定时排尿的习惯。睡觉前控制孩子的喝水量。有意识地训练孩子自己排尿。孩子要尿尿时，可让孩子稍微憋 1 分钟左右。经过一段时间的锻炼，孩子控制排尿的能力会逐渐加强。

3. 小便不能控制的原因很多是心因性的。对于心因性的小便不能控制，最根本的解决办法是家长要处理好自己的情绪问题。

一般来说，小便不能控制常常在遗尿情况减少后才能完全消失。小便不能控制不可能一下子突然痊愈，心因性小便不能控制除外。

玩弄生殖器及干预方法

一、概念

儿童性方面的问题指的是儿童时期出现的关于性的认识和活动方面的异常状态。成年人中存在的一些性方面的问题（如性识别障碍、异装癖等），可能源于婴幼儿或青少年时期的性发育异常。

玩弄生殖器是婴幼儿时期常见的性行为问题之一，在男性婴幼儿中更常见，最早可发生于 1 岁左右。几乎所有的儿童在生长发育过程中都会出现或轻或重的玩弄生殖器现象。这种问题多在儿童 3 岁左右比较明显，一般在儿童上学后消失，但到了孩子的青春期可能有所增加。当然，只要这种行为不过度，就可以看作发育过程中的正常现象。

二、原因

1. 之所以孩子3岁左右玩弄生殖器的现象比较明显，是因为孩子到了这个年龄阶段开始了对自我的探索，发现了生殖器，并对其感到十分好奇。同时，孩子可能发现这些行为让自己得到了某种愉悦感。

2. 从生理角度看，局部疾病、炎症刺激等均可导致儿童搔抓生殖器，继而养成习惯。

3. 穿开裆裤的孩子玩弄生殖器的机会多，容易养成这种习惯。

4. 有些成人有时会通过捏孩子的“小鸡鸡”逗弄孩子，这可能使孩子养成玩弄生殖器的习惯。

5. 由于缺乏陪伴或有焦虑情绪，儿童可能通过玩弄生殖器自娱自乐或消除焦虑情绪。

三、干预方法

1. 讲究局部卫生，经常为孩子清洗生殖器，勤为孩子换内裤。

2. 及时发现并治疗局部炎症或疾病。

3. 尽量不让孩子穿开裆裤。

4. 孩子出现玩弄生殖器的行为时，尽量转移孩子的注意力。让孩子养成良好的睡眠习惯，每天晚上上床后立即睡觉而不是在床上玩耍，以减少在床上觉醒的时间。并且，最好不要为孩子盖太厚的被子，以便他尽快入睡。

5. 按照弗洛伊德的理论，儿童 3 岁左右进入生殖器阶段。对于处于生殖器阶段的儿童，如果父母给予过多限制，会削弱儿童的自信心、好奇心。因此，对于儿童玩弄生殖器的行为，家长不要过于紧张和焦虑，但要尽量减少孩子这种行为。

6. 对于频繁玩弄生殖器的儿童，父母不要任意惩罚，否则不但达不到有效控制的目的，反而会使儿童变得更加焦虑。

会阴部摩擦及干预方法

一、概念

会阴部摩擦又称习惯性会阴部摩擦，还有人称之为交叉擦腿综合征。以前，有人称之为“手淫”，这种叫法并不恰当。会阴部摩擦在男孩、女孩中均可发生，但在女孩中最多见。这种情况具体表现为：婴幼儿偶尔摩擦自己的外生殖器，可有面红耳赤等，此种情况大多发生在入睡前或刚醒时；女婴幼儿可表现为两腿交叉，上下移动摩擦；年龄大些的孩子可能骑在某处进行摩擦。

二、原因

会阴部摩擦最常见的原因主要有两类：一是局部疾病，如湿疹、蛲虫等引起的局部瘙痒，二是不良的教养环境或情绪。

三、干预方法

1. 多让孩子做一些大肌肉运动训练，这些训练不但可以转移孩子的注意力，还可以促进其体格发展。

2. 及时治疗局部疾病，以及讲究卫生，以消除引起局部不适的生理原因。

3. 减少孩子在床上活动的时间。孩子睡觉时，妈妈可以握着孩子的手，在旁边坐一会儿，或者轻轻抚摸孩子，直到孩子睡熟再离开。

4. 家长的紧张、焦虑可加剧孩子会阴部摩擦的行为。因此，当看到孩子的这种表现时，家长千万不要过分着急，应分散孩子的注意力，给予更多的关心。

语言发育迟缓及干预方法

一、概念

1 岁以内或更小的孩子（8 ~ 10 个月大），处于学习语言的重要阶段，却不哭不闹、特别安静；1 岁半的孩子一般情况下本应该会说大约 50 个词，却连爸爸妈妈都不会叫；2 岁半的孩子本应开始使用叙述句、感叹句、疑问句和 4 个字的简单句，却还不会说 2 ~ 3 个字的电报句。

这样的孩子可视为存在语言发育迟缓的情况。

二、原因

一般来讲，造成孩子说话晚的因素主要有生理、心理和环境三方面。

1. 生理因素。(1) 确定孩子听力有没有问题。如果孩子听力不好，听不清楚周围的声音，就很难发展说话能力。(2) 确定孩子的发音器官有没有问题。如果发音器官有问题，也会影响语言发展。(3) 确定孩子的智力有没有问题。智力发育迟滞的孩子，不但说话晚、走路晚、手部动作发展相对迟缓，而且认知能力差。

2. 心理因素。(1) 家长情绪不稳定、过度焦虑，会影响孩子的语言发展。(2) 家长态度粗暴、过度溺爱孩子、大包大揽，都可能有意无意之间剥夺孩子学习语言的机会，从而影响孩子语言能力的发展。

3. 环境因素。人类虽然天生具有学习语言的“装置”，也就是说，人类天生具有语言学习系统，但是人类的语言又是自然习得的。如果家中没有良好的语言环境，如父母以及其他家庭成员都是沉默不语的人，孩子语言能力发展就会受影响。同时，家庭语言环境混乱，也可能影响孩子的语言学习，造成孩子说话晚。

三、干预方法

孩子学说话是家长十分关心的事情。但是在一般情况下，除了为孩子创设积极的语言环境外，我认为没有必要让孩子进行特殊的训练，因为过度的训练可能会使孩子因心理紧张而产生各种语言学习问题。

创设语言环境的方法有以下几种。

1. 对处于语言能力萌芽期的孩子，大人要经常跟孩子说话以促进孩子听话和说话能力的发展，不要以为孩子什么也不懂就不跟他说话。

2. 用简单、明了、准确的发音和适当的语速与孩子说话，有利于孩子学习语言。

3. 要为孩子提供良好的语言示范，帮孩子建立语言概念，以促进孩子语言能力发展。

4. 对孩子的语言表达要给予适当的鼓励。比如：孩子喃喃自语时，不妨对孩子说："宝宝说得真好。"

5. 经常给孩子念书，可提高孩子对语言的理解能力，还可培养孩子的阅读兴趣。

6. 避免不良情绪反应。这一问题包括两方面：一方面是家长要处理好自身的情绪问题，另一方面是家长不要带着情绪处理孩子的问题。家长只有不断地提高自身修养，才能养育出人格健康的孩子。

口吃及干预方法

一、概念

口吃，俗称结巴，主要表现为讲话不流畅、阻塞、重复。

口吃可见于任何年龄，大多从 1 岁半起病，发病高峰是 2 ~ 3 岁。

在当众说话、急于表达时，口吃表现明显，但在唱歌、大声诵读、与布娃娃谈心时，口吃可以消失。

二、原因

关于口吃的原因，至今仍有许多不同的说法。有人认为口吃者的自我听觉反馈比正常人迟缓。有人认为口吃与神经症有关，口吃是内心冲突的外部表现，是内心愿望受到压抑造成的。某些口吃者确有这种原因，然而对于更多的口吃者来说，这方面的原因是次要的。

对于儿童来说，习得理论的解释更容易被接受。习得理论认为，口吃是儿童在语言学习过程中形成的。比如，有的家长说，自己孩子的口吃是跟别人学的。习得理论的另外两种解释如下。

1．儿童在语言学习过程中都会发生说话不流畅的现象。对于婴幼儿来说，这种不流畅是正常的，也是普遍的。一些父母面对孩子这种不流畅的语言表现十分急躁，甚至会惩罚孩子，从而造成儿童口吃。

2．儿童在学习说话过程中，很多时候很想说话，但又不知该说什么或怎样说。他们可能希望像大人一样讲话，但是他们的语言能力又达不到这种水平，这种情况即思维水平高于语言表达水平。或者，孩子想快一些说话，但能力不足，这种情况即思维快于表达。这些情况均可导致口吃。

三、干预方法

1. 儿童口吃，尤其是婴幼儿口吃，与成人口吃是不同的。他们并没注意到或很少注意到自己语言能力的异常，而且在大多数时候他们的语言是流畅的。这样的儿童无需帮助便能克服口吃。如果家长对这个时期的孩子的口吃过分关注甚至给予惩罚，可能加重孩子的口吃。

2. 当孩子说话的时候，家长要给予孩子充足的时间，对于孩子的情绪表达不要轻易否定和阻止。

3. 在对孩子的口吃行为进行矫正时，父母应该放下自身的焦虑，用客观的眼光看待孩子的口吃。当孩子发生口吃时，千万不要说“别口吃”，更不要要求孩子重说一遍，以免加重孩子的口吃或者让孩子产生挫折感和恐惧心理。

4. 口吃发生初期，症状呈波浪式发展。当孩子说话比较流畅时，多给孩子提供一些说话的机会。反之，当孩子口吃比较严重时，要设法让孩子尽可能少说话。这可使很多儿童消除口吃。

家长课堂

儿童语言发展的过程

语言的发展是从儿童 1 岁左右说出第一批真正可以被他人理解的词开始的。通常以词的出现（即 1 岁）为界，将语言的发展划分为两个时期，即语言发展的准备期和语言的发展期。语言发展的准备期又称言语前期，或前言语期。语言发展的准备期包括语言产生和语言理解两方面的准备，即说话和听话的准备。语言产生的准备包括反射性发声和咿呀学语两个阶段，语言理解的准备则包括语音知觉和语言理解两个阶段。

孩子出生后，就能发出声音。刚出生后的一段时间，孩子发出的声音通常是一种未分化的声音，哭声、叫声没有区别。孩子饿了或不舒服时，就会大哭大叫，这种哭喊是生理需要引起的，是一种反射行为。孩子两个月左右，啼哭逐渐减少。当吃饱、睡足，或者成人向他说话、微笑时，孩子会发出柔和的“喔……哦……”声。这是一种松弛的、深沉的声音，多为元音。开始时，孩子对自己的声音会感到好奇，成人的模仿会促进这个阶段的发展。孩子在 4 ~ 6 个月会发出辅音。这时，辅音与元音结合，形成了“咿咿呀呀”的语言。从这个时候起，孩子开始与成人交流。如果成人对孩子的发音给予即时回应，会促进孩子语言的发展。孩子 9 个月时，咿呀学语达到高峰。这时孩子可以发出一连串有节奏的语音——而且是不断重复的声音，如 ma-ma-ma、ba-ba-ba 等。这些声音是孩子自由自在的发音，对孩子而言毫无意义。他们只是把发音当游戏玩，并且感到十分快乐。咿呀学语可以持续 6 ~ 8 个月。在咿呀学语的高峰期，孩子开始能听懂成人的话，能够进行语言模仿。这是语言学习的萌芽。

语音知觉的出现是语言理解的真正开端，是语言理解的最早准备。8 ~ 9 个月的孩子开始理解词语。这时，孩子懂得和理解的词多于他们实际会说的词。也就是说，孩子对词的理解相比对词的掌握发展得更早而且更迅速。

真正的语言发展是从 1 岁开始的。不同年龄阶段，语言发展的特点不同。1 ~ 3 岁这个时期，儿童语言发展分为两个阶段，即 1 ~ 1.5 岁以理解为主的阶段和

1.5 ～ 3 岁积极的语言活动发展阶段。

1 岁半以前，儿童的语言理解能力在不断发展，但积极的语言交际能力却发展较慢。例如，我们说："小猫呢？"儿童只会转头注视小猫。所以，尽管这个时候儿童也能说出一些词（数量很少），但这期间只能算语言交际能力的开始阶段。大约从 1 岁半起，儿童说话的积极性大大提高。随着理解能力的增强，儿童可发展出更多的语言。儿童在说出 10 个词之前，平均能理解 50 个词。也即，这时儿童能理解的词的数量是其能说出的词的 5 倍。

此外，儿童掌握的词汇数量也在变化。许多儿童在 1 岁以后才开始说话，当然也有儿童在 1 岁以前开始说话。大多数儿童在人生第一个生日前后说出第一批词。

儿童学说话阶段所说出的话是从不完整到完整慢慢发展的，这个过程会经历 4 个阶段。

1. 单字句阶段。1 岁左右的时候，儿童可说出单音节词。儿童用 1 个字表达多重意思的阶段，称为单字句阶段。

2. 电报句阶段。2 岁的时候，儿童会说 2 ~ 3 个或 3 ~ 4 个字组成的句子。这些句子通常是名词和动词组合在一起的，我们常称之为电报句。这个阶段又称多词一句阶段。如，这时儿童可能会说“妈吃饭”。这种句子很像人类打电报时所用的句子，故称为电报句。

3. 简单句阶段。随着年龄的增长，儿童所说的句子逐渐加长。儿童 2 岁半开始会使用陈述句、感叹句、疑问句。一般来说，2 ~ 3 岁的儿童会说包含 4 个词的简单句。

4. 复合句阶段。随着年龄的增长，儿童所说的句子越来越复杂。这时的复杂句可能包括 2 个或 2 个以上简单句。儿童语言发展越好，每句话的含词量越多。

总之，从出生到 3 岁，从理解语言到说出语言，儿童会经历一个极为迅速的发展变化过程。

家长课堂

如何让婴幼儿尽量避免消极情绪

消极情绪是不符合社会行为规范和要求，或会影响个体身心健康的情绪。它是个体在遭遇挫折、失败、不良影响后产生的一种被动的顺应环境的情绪。

为防止婴幼儿消极情绪的产生和发展，一定要尽早对婴幼儿进行合理的教育。

父母要克服自己的消极情绪，以乐观的态度对待生活，为孩子做好榜样。

任性及干预方法

一、概念

任性一般指个体听凭自己的意愿想干什么就干什么，谁也不能阻止。

2 ～ 3 岁的婴幼儿，有很强的求知欲，对新鲜事物充满好奇心。但是，他们的认识水平和自我约束力还处于比较低级的阶段，对是与非、好与坏、对与错的判断往往以自己的需求为标准，很少顾及他人的感受。由此，他们容易与他人发生冲突，看上去较为任性。

二、原因

婴幼儿任性产生的原因主要有以下三方面。

1. 先天遗传、气质、脾气等方面的因素。如，有些孩子在没有外在因素影响的情况下也会出现任性的行为。

2. 家庭环境方面的因素。父母或其他家庭成员在性格上较为任性、偏执等，将会直接影响婴幼儿的行为。

3. 父母的教育态度、教养方式等方面的因素。父母对孩子的所有要求都无原则地满足、父母过分迁就孩子、父母管教孩子的方式不统一等，都会导致婴幼儿任性行为的形成与发展。

三、干预方法

1. 抓早、抓小。务必注意婴幼儿与父母或其他家人的第一次冲突，对于婴幼儿的不合理要求，决不迁就。

当有不合理的要求时，经过大哭大闹之后，孩子仍然不能得到满足，仍然达不到目的，他也就不再坚持了。

2. 转移注意力。婴幼儿的思维以直观、形象思维占主导，一件事过后，他们很快就会忘记。当婴幼儿提出不合理要求时，父母马上拿出一个新玩具或孩子感兴趣的玩具，可能成功转移婴幼儿的注意力，从而可能避免婴幼儿与父母发生直接冲突。

3. 事后进行教育。婴幼儿懂得一点人情世故后，其与父母发生冲突时，不要马上给他们讲道理或批评他们，因为他们易冲动，控制力不强，可能完全听不进去。可在冲突平息后，再给他们讲道理。批评婴幼儿时，最好不要在有外人在场的情况下批评，以免伤了婴幼儿的自尊。

4. 可以通过读故事、看图画、唱儿歌等方式让婴幼儿懂得一些行为界限。例如：父母空闲时才能陪他们玩玩具；“缠人”行为在一定范围内可以，但不能出格；等等。

5. 孩子的要求合理与否，更多地要从婴幼儿的生理、心理需要等方面进行判断，不能完全以成人的好恶为标准进行判断。

婴幼儿注意力集中时间不会很长，一般为 10 多分钟。

婴幼儿玩某种玩具玩了一会儿不想玩了，想玩别的玩具，应该得到满足，因为这是合理的要求。婴幼儿特别喜欢某个玩具，若家庭经济条件许可，应适当满足。

6. 父母及其他家庭成员对婴幼儿的教育要一致，以免使婴幼儿不明是非。

害羞及干预方法

一、概念

害羞也是心理不安的一种外在表现。

我们常看到一些婴幼儿不敢在人多的场合说话、朗读、表演等。这样的孩子在大庭广众下活动时会脸红、心跳，碰见陌生人时会局促不安、手足无措，只喜欢与熟人玩，只能在小圈子里自由自在地活动，总想把自己封闭起来。

婴幼儿的这种表现叫作害羞、怕羞、羞怯等。

二、原因

害羞在心理学上被视为一种逃避行为。害羞的产生，除了与个体的气质特点等有关外，主要和环境与教育的影响及作用有关，特别是与家庭环境和家庭教育有关。如果父母性格开朗、好交际，经常在公众场合露面，那么孩子则较少怕羞，也更愿意与人交往。另外，当孩子表现好时得不到表扬，做了错事时却要受到批评、惩罚，那么孩子很容易有害羞的消极表现。

三、干预方法

帮助婴幼儿克服害羞的方法主要有以下几种。

1. 帮助婴幼儿树立自信。怕羞的婴幼儿最大的心理问题是自信不足，他们往往会过度注意自己的缺点与不足。因此，父母应当尽早教育孩子不要只关注自己的缺点与不足，而要多看看自己的长处与优点。这样孩子才敢于在公众场合表现自己，并积极参加集体活动。

2. 告诉孩子不要害怕别人的议论。婴幼儿害羞的原因之一是怕别人评价、评论自己的缺点或不足。为此，父母应尽早教育婴幼儿不必过度看重别人的评论，要让孩子明白所有人都有不足和缺点。

3. 帮婴幼儿进行心理调适。父母可让婴幼儿先在熟人面前多活动、多说话，然后到熟人多、生人少的场合多活动、多说话，最后到熟人少、生人多的场合多活动、多说话，以逐步增加婴幼儿对害羞的心理抵抗能力。

4. 培养婴幼儿当众说话的能力。孩子说话前，让孩子先把自己想要说的话整理一下，以做好充分准备。做好了准备，孩子说话时就不会害怕了。

嫉妒及干预方法

一、概念

嫉妒是个体对于别人在品德、能力、成绩等方面胜过自己而产生的一种不满和怨恨的心理。例如：有的孩子在父母表扬自己的兄弟姐妹时，会产生嫉妒心理；有的孩子在老师表扬别的小朋友时，会产生嫉妒心理；等等。

嫉妒是一种相对负面的情感，对个人、集体、社会都可能有腐蚀和耗损作用，对团结、友爱非常不利。

因此，嫉妒也是一种需要纠正的不健康心理。

二、原因

婴幼儿嫉妒心理产生的原因很多，它可能是内部的消极因素与外部环境的消极因素相互作用、相互影响的结果。

1. 外部环境的影响。在一个家庭，成人之间互相猜疑、看不起，或者当着孩子的面议论、贬低别人，会在无形中影响孩子的心理。如果幼儿园的老师偏爱少数孩子，不能注意到每个孩子的优点，会使一些孩子因此备受压抑，从而容易变得心胸狭窄，最终产生嫉妒心理。

2. 不适当的教育方式。有的家长常对自己的孩子说他在某些方面不如别的孩子，使得孩子以为家长喜欢别的小朋友而不爱自己，从而产生嫉妒。

3. 孩子某些方面能力较差。每个孩子都有较强的自尊心，都有自己的长处和短处，孩子如果因在某些方面能力较差而做得不如别人好，就可能产生嫉妒。特别是一些在家里经常受到夸奖、家长比较溺爱的孩子更容易出现这样的问题。

三、干预方法

基于上述婴幼儿嫉妒心理产生的原因，可通过以下方法纠正婴幼儿的嫉妒心理。

1. 建立良好的家庭环境。家长应当尽最大可能建立团结友爱、谦虚礼让的家庭环境，这是预防和纠正孩子嫉妒心理的重要基础。

2. 正确地评价孩子。孩子都喜欢表扬和鼓励。表扬得当，可以巩固孩子的优点，增强他的信心，促使他不断进步。表扬不当或表扬过度，则会使孩子骄傲，进而看不起别人，认为自己最好、别人都不如自己，从而为嫉妒心理的产生埋下隐患。这是因为婴幼儿还小，还不能全面地看问题，还不能正确地评价自己和别人。他对自己的评价往往是以成人的评价为标准的。所以，家长一定要正确评价自己的孩子，不能因为疼爱和喜欢孩子，就对孩子的品德、行为、能力、表现等过度评价、过度赞扬，以免使孩子对自己产生不准确的认知。家长还要适当地指出孩子的长处与短处，使孩子明白人人都有长处和短处，小朋友之间要互相学习，从而帮助孩子正确评价自己。

3. 帮助孩子提高自身的能力。如果孩子在某些方面不如别的孩子，不要当面指责孩子不如别人，而要具体地帮助他提高这方面的能力。

4. 多对孩子进行关于谦逊的教育。通常，嫉妒产生于有一定能力的孩子身上，这样的孩子在看到受到表扬和关注的孩子时容易产生嫉妒。所以，应该加强对婴幼儿关于谦虚的教育，让孩子尽早懂得“谦虚使人进步，骄傲使人落后”的道理。

5. 引导婴幼儿树立正确的竞争意识。有嫉妒心的婴幼儿往往都具有争强好胜的性格。家长要引导孩子基于自己的努力和实际能力去和别人做比较，而不能用不正当、不光彩的手段去竞争。总之，要正确引导孩子的好胜心。

打人、咬人、抢东西等攻击性行为及干预方法

一、概念

到底什么是攻击性行为，不同学者的看法不同。有人从广义的角度来解释，认为所有扰乱环境的行为——从最轻微的争吵到暴力行为——都算攻击。有人把攻击局限于造成他人疼痛的行为。

那么，应该如何看待孩子打人、咬人、抢东西、把人推倒等行为呢？根据相关诊断标准，攻击性行为是在过去 12 个月出现以下 3 种以上行为，或是过去 6 个月出现以下 1 种以上

行为：

1．经常欺凌弱小；

2．经常引起打斗；

3．使用武器伤害别人；

4．对别人或动物施加暴力行为；

5．抢劫、勒索、偷盗；

6．蓄意纵火、破坏。

可见，婴幼儿的打人、咬人、抢别人玩具等攻击性行为并不完全符合以上诊断标准。实际上，婴幼儿的攻击性行为并不带有任何敌对意图。一个孩子伸手去抢另一个孩子手里的玩具，很可能是因为他想要玩这个玩具。一个 1 岁多的孩子去推另一个孩子，很可能只是为拿到或得到自己所需要的某种东西。从某种意义上说，这也是婴幼儿的一种表达方式。并不是所有婴幼儿都有这样的表达方式，所以我们将这种表达方式或行为看作行为上的冲动。

当然，孩子也可能在无法控制愤怒情绪，无法应付内在与外在挫折时，采取打人、咬人、把人推倒、抢人东西等行为。

二、原因

孩子的行为冲动，与生理、心理状况有莫大关系。

1. 孩子体内微量元素及维生素不平衡，内分泌发生改变，对某种食物过敏，都可能使孩子出现冲动行为。

2. 冲动行为的产生，与儿童发育水平也有关系。当孩子发育不成熟时，某神经系统便不能很好地控制动作及动作的力量，从而导致冲动行为。

3. 从孩子的心理状况来看，孩子有很强的社交愿望又不能得到满足时，也会动手，以引起别人的注意。

4. 交际需要语言，我们可能会发现“好动手”的孩子往往语言表达能力不够。孩子不能用语言表达自己、进行交流的时候，就会采用身体语言进行“表达”。

5. 活动过度是一种发展层面的问题。许多研究指出，儿童活动过度的情况越严重，“好动手”的情况越多。活动过度与“好动手”息息相关。

6. 儿童“好动手”的行为与家长的教养方法有密切的关系。且不说家长本身的行为会让儿童模仿，家长对儿童的愿望、需求不能给予正确的理解和满足，也是儿童“好动手”的重要原因之一。

三、干预方法

家长不要对孩子的冲动行为大惊小怪，但是孩子的这种表达方式必须改变，否则形成习惯就会成为行为问题。

1. 给孩子创造允许其自由活动、自由表达的环境。家长要接受孩子的行为和情感，更要读懂孩子行为背后的情感。

2. 不要在“打人”“坏孩子”等这些词语与孩子的行为之间建立联系。要逐渐教孩子学会自我控制。当孩子生气的时候，可以让他玩自己感兴趣的游戏。

3. 多给孩子读书、讲故事，培养他们通过听觉学习的能力，尽可能让他们学习大人说话、讲故事的方式，以培养他们的语言表达能力。当孩子的语言表达能力增强了，他们不适宜的行为必然会减少。

4. 注意调整孩子的饮食，减少高糖饮料和含有色素的食品。

5. 给予必要的惩罚。

骂人、说脏话及干预方法

一、概念

骂人、说脏话是一种语言层面的攻击性行为。婴幼儿语言思维发展还不成熟，因此他们说脏话、骂人的问题实际上是不存在的。

有的家长会说："我的孩子刚学会说话，就会说脏话、骂人了。这是为什么呢？"其实，这可能是家长的误解。1岁半到 2 岁的孩子，大约只能掌握 300 个词语，也就是说他们的词汇量是有限的。因此，他们往往会用同一个词表达不同的意思。

这个年龄阶段的孩子有不少说话不清楚，有时家长可能把他们不清楚的语言当成脏话，并加以“负强化”，久而久之孩子说脏话成了事实。

二、原因

儿童的语言是学来的，3 岁以前是孩子学习语言最快的时期，如果他常听到脏话就会学着说脏话。

在家庭中，如果父母及其他成员说话常带脏字，甚至骂人，孩子极易学到。另外，电影、电视中的人物说话对孩子也有影响。

还有一点也很重要。2 岁左右的孩子处于心理反抗期，你越阻止他说什么，他可能越会说什么。综上，不让孩子说脏话，大人首先要讲文明。

三、干预方法

其实，孩子说脏话时，并不清楚脏话的意义。你若问他："你刚才说的那句话是什么意思？"他会天真地告诉你他的想法。因此，用惩罚、责骂、吓唬等手段对待这样的孩子，可能适得其反。

有时，说脏话是孩子内心不舒服、遭遇挫折的外在表现。说脏话可以缓解紧张，宣泄情绪。我们要站在孩子的角度看问题，理解孩子的内心感受。

说谎及干预方法

一、概念

说与事实不相符合的话叫作说谎。

3 岁以前的孩子说与事实不符的话，家长切不可大惊小怪地认为孩子在说谎。例如：某个孩子看到别人有一支玩具枪，就煞有介事地说："我爸爸也给我买了一支枪，可漂亮了。"其实，他爸爸并没有给他买枪。有儿童为了炫耀，会告诉小朋友他家有这有那，其实他家并没有。这是为什么呢?

二、原因

一般来说，3岁以内的孩子不会有意识地欺骗人，他们说与事实不符的话，往往是有原因的。

1. 不能区分想象与现实。孩子想象爸爸给他买了一支玩具枪，希望家里有一只波斯猫……这是儿童心理发展过程中的正常现象，有时也是一种强烈的表达。当这种想象或愿望达到一定程度时，孩子会误将想象当成现实。

2. 认知水平有限。3岁以前，孩子关于时间、空间、数量、人际等的概念还比较模糊，他们可能把以前都当作昨天，把昨天当作今天，从而出现表达上的错误。

3. 因受大人“启示”而说出不符合事实的话。比如：妈妈提醒姐姐别把杯子打碎了，孩子可能会说姐姐把杯子打碎了。

4. 孩子可能为了达到某些目的或逃避惩罚故意说谎。比如：为了出去玩，本来还没有吃饭却说吃过了；为了逃避惩罚，不承认自己的过错；等等。

三、干预方法

当听到孩子说与事实不相符的话时，家长不要轻易断定孩子在说谎，而是先要分析原因，再做决策。

如果孩子非常希望有一支玩具枪，非常希望有一只波斯猫……应尽量给予合理满足。

如果孩子出于概念模糊而说了“谎”，家长要耐心教诲，给孩子讲清道理。

对于真正说谎的孩子，家长要自我反省，不要一味地惩罚孩子。同时，一定要告诉孩子，说谎是不对的。

拿别人东西及干预方法

一、概念

拿别人的东西从概念上说是偷盗行为。曾有一位母亲向我咨询，她说 2 岁多的儿子有“顺手牵羊”的毛病。比如，有一次到朋友家去玩，孩子把人家的东西装兜里并拿了回来。这位母亲担心孩子长大后成为“小偷”。

“偷盗”与不懂事的孩子联系起来恰当吗？实际上，这个年龄段的孩子的观念里并没有偷盗这个词，也就是说婴幼儿没有偷盗的概念，看到喜欢的东西就要拿走，并不懂得一个东西不是自己的就不该拿。这是因为这个年龄的孩子还没有“物权”概念。在他们看来，爸爸的东西也是妈妈的，妈妈的东西孩子也可以用。因此，他们拿了别人的东西，即使别人讨要，他们也不给。其实，这也是正常现象。

这是孩子生长发育过程中必然要经历的时期，心理学家称其为“自我中心期”。这时，孩子做任何事都以“我”为中心，都要满足“我”的需要。这是一个分不清你我的童稚阶段。这个时期之后，孩子“顺手牵羊”拿别人东西的行为会慢慢消失。

因此，这个时期孩子拿别人东西的行为是有别于偷盗的，不能视为偷盗行为。

二、原因

真正的偷盗行为不是由单一因素造成的。我们大致可以从个人、家庭、学校、社会等几方面分析其中的原因。比如：占有欲、发泄情绪、嫉妒、好奇、冲动、自卑的补偿、投机等心理因素，父母的教养观念不正确，交友不慎，不良社会风气的熏染等。当然，没有建立“物权”观念是主要原因。

三、干预方法

家长在孩子成长的每一个时期都应给予必要的合理的指导，这有利于孩子健康发展。为了避免孩子“顺手牵羊”，家长要尽早帮助孩子分清哪些是自己的东西、哪些是别人的东西，以让孩子尽早建立“物权”观念。要让孩子明白别人的东西是别人的，使用时要征得别人的同意。比如：妈妈要玩孩子的小汽车，要跟孩子说一声：“我能不能借你的小汽车玩一会儿。”这样的行为可使孩子建立这样的观念——“不是我的东西，我不可以随便用”，那么孩子也就不会再“顺手牵羊”了。

家长课堂

孩子缺乏安全感会怎样

焦虑、害怕、自卑、忧郁、过度敏感、追求完美等都是孩子内心缺乏安全感的表现。

内心缺乏安全感的孩子，日日生活在紧张不安的状态中，长大后无法建立正常的社会关系，其学习和工作都会受到很大的影响。

总之，婴幼儿时期持续的不安全感对此后一生都将产生不良影响。

恐惧心理及干预方法

一、概念

每个孩子在发育过程中，都会对某些事物产生恐惧、害怕的心理。孩子害怕的对象多种多样，如虫子、火、陌生人、黑暗、某种声音等。

有心理学家把孩子的害怕心理分为四种类型。

第一，每个孩子都有害怕噪声、陌生人、新奇事物的情况，但这种恐惧会随着年龄的增长而消失。

第二，很多孩子都有过怕黑、怕鬼、怕怪物等的体验。

第三，很多孩子会害怕蛇、老鼠、蟑螂等。这一类害怕不局限于年龄，一般人都有类似感受。

第四，有些孩子害怕见人，害怕登高，害怕空旷的地方等。这是一种病态，称为恐惧症。

恐惧具有压抑作用，不利于婴幼儿的身心健康。极度恐惧会使孩子肌肉紧张、身体僵化、动作笨拙，甚至使孩子的认知活动受到抑制，从而产生逃避和退缩行为。

二、原因

1. 1 岁前，孩子的恐惧情绪有以下几种。

(1) 本能的恐惧。孩子天生就会做出恐惧反应。最初的恐惧不是由视觉刺激引起的，而是由听觉、触觉、本体感觉等刺激引起的。如，听到尖锐刺耳的声响、从高处掉下来、因受伤而疼痛、身体位置发生变化等都会引起孩子害怕的感觉。

(2) 与知觉和经验相联系的恐惧。从 4 个月开始，孩子会出现与知觉和经验相联系的恐惧。被针扎过、被小狗咬过等不愉快的经历，会给孩子留下恐惧的经验，孩子以后会有相关的情绪反应。“高处恐惧”是随着深度知觉的产生而产生的。

（3）对陌生人的恐惧。孩子出生5～6个月后，能比较好地分辨熟悉的人与陌生的人，会出现对陌生人的恐惧，此即人们常说的“怕生”“认生”。当陌生人走过来时，本来好好的孩子会立即做出警觉的表情，做出明显的不愿意与陌生人接近的反应。这时期，孩子不仅害怕陌生人，而且对陌生的东西、陌生的环境、陌生的事物都会表现出恐惧与害怕。

2. 2岁以后，孩子会产生预测性恐惧，或者想象性恐惧。随着年龄的增长、想象的发展、预测和推理能力的发展，孩子会出现预测性恐惧，如怕黑、怕魔鬼、怕孤独、怕大灰狼、怕坏人等。这些都是与想象相联系的恐惧情绪，往往受环境影响而形成，有时也可因家长教育不当、父母的影响而发生。

“爬这么高，多危险！快下来！摔下来就没命了。”

“快闭眼睡觉，别作声，不然大灰狼会来。”

“你不听话，就把你关进黑屋里。”

……

这些无疑都会造成孩子的恐惧心理，致使孩子做什么事都畏首畏尾。

三、干预方法

1. 消除 1 岁以前孩子恐惧情绪的办法有以下几种。

(1) 不要对孩子的恐惧情绪作过度反应。通常情况下，许多家长都会过度关注孩子的恐惧情绪。这种做法往往会加剧婴幼儿的恐惧，在父母的惶恐行为面前，孩子可能更加惊恐不安。

(2) 不要对孩子表示过度的同情和关照。对孩子恐惧的过度关注，对孩子的过度保护，容易让孩子觉得自己处于很大的危险之中，不利于其消除紧张情绪。

(3) 以泰然自若的神态帮助孩子。要针对具体情况，采取不同的措施与办法。实际上，有些事物并不值得害怕。比如，看到蚯蚓、无害昆虫等时，孩子若产生恐惧情绪，家长可告诉他们，它们不会伤害人，我们不必害怕。

(4) 对于孩子怕陌生人的情况，家长可以带孩子多接触陌生人，从而使一些陌生人成为熟悉的人，以克服孩子对陌生人的恐惧情绪。

(5) 多抚慰孩子，使孩子在心理层面形成持续的安全感。

(6) 对孩子好的表现多给予鼓励，用正强化的手段帮助他克服恐惧情绪。

2. 纠正2岁后孩子恐惧情绪的主要方法有以下几种。

(1) 引导孩子正确认识他所惧怕的事物或情境。一般来讲，我们产生恐惧的原因是对于具体事物缺乏了解。针对孩子的恐惧，对孩子进行科学的解释与说明，孩子也许就不会再有相关情绪了。

(2) 对孩子进行正面教育，培养孩子的勇敢精神。对于孩子惧怕黑暗、怕高等情况，可多让他们到没开灯的屋子去拿东西、在较高的台阶上行走等，以培养、锻炼他们的勇敢精神。

(3) 适当培养孩子的冒险精神。比如，有的孩子怕猫，可帮助他接近小猫，摸摸小猫身上的毛。参观动物园时，告诉孩子要爱护动物，做动物的好朋友。

(4) 培养孩子的安全意识，教孩子远离危险事物。对于危险事物、危险环境等，要教育婴幼儿在日常生活中尽量远离，以预防可能出现的不测。如，在河边行走时，尽量离水远一些。

(5) 如果婴幼儿惧怕父母的坏脾气，那么父母一定要注意自己的言行。

(6) 通过各种集体活动、与同伴交往、游戏、体育运动等，培养孩子活泼开朗的性格，从而减少其惧怕心理。

(7) 当孩子对电视、故事中的魔鬼、怪物等产生恐惧时，家长应该尽量向孩子说明其虚假性、虚构性，让孩子认识到这些并不是真实存在的，没有什么可怕的。

婴幼儿焦虑及干预方法

一、概念

焦虑是一种紧张不安且带有恐惧成分的情绪。因此，焦虑与恐惧往往联系在一起。3 岁以前婴幼儿的焦虑主要表现为分离焦虑和陌生人焦虑。

孩子 8 个月左右会经常关注他们最亲密的依恋对象——母亲。一旦母亲从他们的视线里消失，他们便会十分不安，甚至哭闹，这就是分离焦虑。分离焦虑是儿童发展过程中的一种正常的情感反应。一直到 2 岁半以前，只要母亲离开，孩子都会产生分离焦虑。

孩子在半岁之后，能够区分经常接触的人和陌生人。大多数孩子这时会表现出不愿意接近陌生人、不愿意让陌生人抱的状况。反应稍强烈的孩子在陌生人接近或抱他时会哭闹，甚至表现出恐惧、害怕，这就是我们所说的“认生”。认生的情感反应就是陌生人焦虑。

除了与亲人分离和见到陌生人会使婴幼儿产生焦虑，任何影响婴幼儿身心舒适程度或使婴幼儿安全感受到威胁的因素都可以使婴幼儿产生焦虑或恐惧，如做噩梦、受到不良刺激等。

孩子有焦虑反应时，常表现为不安、磨人、依赖性增强、不愿意见别的小朋友、不愿意参与集体活动、总是黏着父母等。

二、原因

焦虑产生的根本原因是人类的自我保护本能，或者说是本能的自卫。这是一种生物社会性行为。个体在受到威胁而又缺乏应对能力或应对措施时，就容易产生焦虑情绪。

三、干预措施

对于婴幼儿的焦虑及恐惧行为的处理十分重要。如果处理方法得当，孩子的焦虑很快就会消除。如果处理不好，孩子的焦虑很难消除并可能随之发展，从而越来越多地积累在孩子心中，影响孩子长大后的与人相处、学校学习、健康发展等。

婴幼儿的焦虑应如何处理呢？

对于处在分离焦虑状态中的孩子，要重视和理解他们的情感。他们抱着父母、搂着父母的脖子、不放父母走开等行为皆源于内心的不安。如果父母忽视这一点，不理睬他们的哭声，甚至使劲掰开他们的手，然后一走了之，只能加重他们不安全的内心体验，使他们的焦虑情感和行为更加强烈。

有的家长会采用在孩子不注意时偷偷溜走的办法，这种做法只能奏效一次，因为以后孩子会紧紧地盯着父母。长此以往，孩子会产生强烈的不信任感。

最好的办法是，在孩子 1 岁以内，尽量减少离开的次数。如果非离开不可，一定要试着用语言告诉孩子，比如：“妈妈出去一会儿，马上就会回来。”不要让孩子产生失去妈妈的感觉。

孩子 2 ~ 3 岁能够理解语言时，更要明明白白和他讲清楚。也即，要让孩子理解与母亲的暂时分离是必然的。

对有陌生人焦虑的孩子，家长可以在孩子面前与陌生人愉快地互动，这样可以减轻孩子的认生反应。

总之，对于孩子的焦虑，家长一定要先搞清楚孩子焦虑的原因，然后采取有针对性的措施。

婴幼儿孤独症及干预方法

一、概念

在常见的情绪行为问题里，孤独症的出现率有增高的趋势。其中，所占比率最高的是婴幼儿孤独症。之所以如此命名，是因为婴幼儿孤独症的发病年龄在 0 ~ 3 岁（婴幼儿期），更确切地说是在 30 个月以内。

婴幼儿孤独症的表现，主要在行为方面。社会交往行为缺陷、语言交往障碍、刻板的礼仪式行为是婴幼儿孤独症的三大行为特征。

1. 社会交往能力缺陷

社会交往能力缺陷从婴儿期甚至7个月时就可以发现，如对母亲不亲、谁抱都一样、母亲抱着毫无反应、对拥抱和爱抚无动于衷、从小不认生、基本没有情感反应等。最明显的是，从不会主动对别人笑，不具有社交性微笑。随着年龄的增长，交往缺陷越发明显。比如：不会伸手做出期待大人抱的姿势；几乎没有面部表情；主动回避与别人的视觉接触；不在意最亲近的人的出现与离开，容易与父母分离；在家里独自玩，在外面独自走，我行我素；几乎不与别人交流，极难理解别人的情感，也不会表达自己的情感；不参加集体活动，不与别的孩子一起玩有规则的游戏；时常处于一种极端封闭的状态中；等等。

孤独症儿童虽然很难与人建立情感联系，然而有些儿童对无生命的物体或小动物却能产生特殊的情感依恋。例如，有的患儿时时刻刻抱着一个玩具，有的患儿会依恋某一特定的玩具汽车等。

2. 语言交流障碍

在语言交流方面，孤独症儿童有严重的障碍。大多数孤独症儿童语言发展迟缓，少数自出生后就没有语言。能够讲话的孤独症儿童在语言的运用上存在各种各样的问题，例如总是像鹦鹉学舌一样机械地模仿别人的语言。有时患儿会立即模仿刚听到的话，有时患儿会模仿几天前甚至几星期前听到的话。

在使用“你”“我”“他”等代词方面，患儿也表现出相当的困难，时常出现代词运用的混乱和颠倒，如常常把“你”说成“我”，或者把“我”说成“你”。代词使用困难的情况可以一直持续至患儿长大成人。

孤独症儿童在语言理解方面同样存在很大困难。他们也许能够流利地朗读课文，却不能理解所读内容。因为他们不能理解别人讲的话，所以不能与别人一来一往地交谈，也不能主动地与别人交谈。对于他们，语言似乎不是一种交流工具。孤独症孩子常常自言自语，重复地讲一些不着边际的话，从不管别人听不听以及问了什么问题。他们在语音、语调、韵律的运用方面也会表现出异常。有的患儿讲话的声调十分单一，没有高低轻重之分。

3. 固定、反复、机械、礼仪式的刻板行为

孤独症儿童有固定、反复、机械、礼仪式的刻板行为。他们在玩耍和游戏活动层面常常表现出异常，有时只是机械

地重复某一动作，如不停地转动物体、不停地把积木扔在地上、长时间摆弄一件物品等。

一般来说，婴幼儿喜欢玩会动的、会出声的、会发光的东西，例如：他们喜欢把车翻过来玩轮子，或者不停地推车，看车轮转动；喜欢玩瓶盖、钱币、锅盖等；喜欢撕纸，或把纸揉成一团，听揉纸的声音；喜欢不停地玩沙、玩水；等等。年龄较小、能力较差的儿童则喜欢将玩具放在嘴里咬，拿到任何东西都要闻一闻、咬一咬。年龄较大的儿童喜欢旋转身体、转圈跑、踮脚尖走路等。但孤独症儿童一般没有这些行为。

孤独症儿童对生活环境和生活方式的要求十分刻板、单一，如要在固定的地方睡觉、盖固定的被子、坐在固定的地方吃饭、用固定的碗和筷子、喜欢看固定的电视节目（尤其喜欢看天气预报、广告）、喜欢听同一首歌曲、喜欢翻看同一本书、出门会走固定的路线等。如果原有的生活环境发生改变，或要求患儿改变已形成的习惯顺序，他就会发脾气或做出反常举动。

另外，在感知觉方面，患儿对某些刺激可能反应过度，对另一些刺激的反应又很欠缺。患儿的发展也可能表现出不平衡态势，比如可能在一定的年龄学会说话，可到了某个时期却又不会说话了。

二、诊断与干预

1．诊断

关于婴幼儿孤独症的原因，至今没有确切的说法。早期研究资料提示，其与心理因素有关。如今，随着科学的迅速发展，对孤独症的病因研究取得了重大进展。研究提示，孤独症由多种生物学及医学原因所致，是神经病理学损害引起的一种行为综合征。但是，精神压力和打击，始终被认为是主要原因。

根据相关诊断标准，婴幼儿孤独症可从以下几方面进行诊断。

（1）发病年龄在出生30个月以内。

（2）存在关系障碍，如与母亲不亲、对亲人的出现与离开无反应、不合群、愿意一个人玩、与别人缺乏眼神交流等。

(3) 虽然很难与人建立情感联系，却可能与无生命的物体或者小动物产生特殊的情感依恋。

(4) 存在感知障碍。如，对外界刺激有不同的反应，可能极为敏感，也可能极为麻木。

(5) 存在动作异常。可能表现为打自己的头，用头撞墙以寻求刺激。

(6) 存在语言障碍，语言发育迟缓。少数自出生后便无语言能力。也有个别患儿语言能力比一般儿童要好很多。常常出现语言模仿和代词倒错。

(7) 大多数孤独症儿童较一般儿童智力差。

(8) 随着年龄的增长，可能出现癫痫。

2. 干预方法

对孤独症儿童的干预，首先要讲究实用的原则。对孤独症儿童的教育，最重要的是让他们从自我封闭的世界里走出来，走向社会。因此，学习一些社会生活中用得到的技能是十分重要的。要加强患儿相关能力的训练，如乘公共汽车、认字、说话等。

此外，要坚持扬长避短的原则。孤独症儿童本身各项能力发展不平衡。一般来说，他们的机械记忆能力特别好，空间概念也不错，还有患儿有较好的数学才能，因此在干预时要充分发挥他们这些长处。还可好好利用他们的刻板行为，多让他们做一些要求高的规范化任务。

总之，对孤独症儿童的训练要循序渐进。家长要参与进来，训练内容也一定要生活化。